항상 배가하는 믿음

Ever Increasing Faith
by Smith Wigglesworth

Copyright ⓒ2001 by Whitaker House

Published by Whitaker House
30 Hunt Valley Circle New Kensington, PA 15068

Korean Translation Copyright ⓒ 2012 by Pure Nard, Seoul, Republic of Korea
This Korean edition was published by arrangement with Whitaker House.

이 책의 한국어판 저작권은 Whitaker Hous와의 독점 계약으로 순전한 나드에 있습니다.
저작권법에 의해 한국 내에서 보호받는 저작물이므로 무단 전재와 무단 복제를 금합니다.

항상 배가하는 믿음

초판 발행 | 2006년 1월 9일
개정 3쇄 | 2025년 7월 23일

지 은 이 | 스미스위글스워스
옮 긴 이 | 전두승

펴 낸 이 | 허철
책임편집 | 송혜숙
디 자 인 | 오순영
총   괄 | 허현숙
인 쇄 소 | (주)프리온

펴 낸 곳 | 도서출판 순전한 나드
등록번호 | 제2025-000033
주   소 | 경기도 부천시 원미구 길주로347, 305호(중동)
도서문의 | 032)327-6702
홈페이지 | www.purenard.co.kr

ISBN 978-89-6237-123-9 03230

항상
배가하는 믿음

스미스 위글스워스 지음

ᴥ 추천사

캐더린 쿨만(Kathryn Kuhlman), 오럴 로버츠(Oral Roberts), 데이비드 듀플리시스(David Duplesis), 레스터 섬럴(Lester Summral), 케네스 해긴(Kenneth Hagin), 베니 힌(Benny Hinn). 이들은 모두 스미스 위글스워스(Smith Wigglesworth)에게 깊은 영향을 받은 사람들입니다. 그리고 이외에도 그에게 영향을 받은 사람들의 이름을 열거한다면 아마 수십 페이지가 필요할지도 모르겠습니다(그들의 이름을 열거하는 것으로 추천사를 대신 하고픈 마음도 있습니다).

스미스 위글스워스는 많은 사람에게 전설적인 인물로 기억되고 있습니다. 왜냐하면 그의 사역에서 일어난 많은 일이 하나님의 능력에 대해 제한적인 믿음을 지닌 사람들에게는 쉽게 받아들여지지 않기 때문입니다(그의 사역을 통해 죽음에서 다시 살아난 사람만 해도 스무 명이었습니다!). 그러나 그는 지난 19-20세기에 실존했던 인물이며, 하나님의 손에 위대하게 쓰임 받았던 사람입니다. 그리고 성령의 능력이 임하기 전까지는 그저 평범한 배관공이요, 한 명의 그리스도인이었을 뿐입니다.

흔히 그의 이름 앞에 따라붙는 '믿음의 사도'(Apostle of Faith)

라는 칭호 그대로 평생 그의 삶을 지배했던 것은 하나님을 향한 또 그분의 말씀을 향한 철두철미한 믿음이었습니다.

"나는 내가 보는 것에 의해서 움직이지 않는다. 느끼는 바에 의해서도 움직이지 않는다. 다만 내가 믿는 바에 의해서만 움직일 뿐이다." 이것이 그의 삶을 지배했던 믿음의 원리였습니다.

비록 스미스 위글스워스의 사역 중에 논란이 되는 부분(모든 병의 원인을 어둠의 세력 탓으로 돌리거나 거칠고 투박한 듯한 사역의 모습들)이 있음에도 확실히 그는 '믿음의 사도'로서 하나님과 그분의 말씀을 믿는 믿음의 삶이 어떤 것인지를 여실히 보여 주었습니다.

그러므로 그의 믿음의 원리에 관한 가르침을 담은 이 책은 잠자고 있는 당신의 믿음에 확실하게 불을 붙여 줄 것입니다. 살아 역사하시는 하나님을 향한 불붙는 믿음을 갖기 원한다면 이 책을 놓치지 마십시오!

손동태
진행 교회 담임목사, 원땅네트워크 설립자

목차

추천사 4

서론 8

Chapter 1 하나님을 믿는 믿음 15

Chapter 2 포로 된 자에게 자유를 29

Chapter 3 예수 이름의 능력 49

Chapter 4 네가 낫고자 하느냐 71

Chapter 5 나는 너를 치료하는 하나님이다 91

Chapter 6 우리의 연약한 것을 친히 담당하시다 111

Chapter 7 부활하신 그리스도 129

Chapter 8 의로움 145

Chapter 9 생명의 말씀 159

… Ever Increasing
Faith

Chapter 10   성령 안의 생명   *177*

Chapter 11   성령 충만의 의미   *197*

Chapter 12   성령세례의 성경적인 증거   *213*

Chapter 13   신령한 은사   *227*

Chapter 14   지식의 말씀과 믿음의 은사   *253*

Chapter 15   병 고치는 은사와 능력 행함   *271*

Chapter 16   예언의 은사   *287*

Chapter 17   영들을 분별함   *301*

Chapter 18   방언의 은사   *313*

서론

　스미스 위글스워스와의 만남은 잊지 못할 경험이었다. 이는 그를 알았거나 그가 말하는 것을 들은 모든 사람의 보편적인 반응이라 생각된다. 스미스 위글스워스는 평범한 사람이었으나 위대하신 하나님에 의해 비범하게 쓰임 받았던 남다른 사람이었다. 그는 영향력 있는 믿음을 가졌다. 그의 사역을 통해 수천 명의 사람이 구원받았으며, 그리스도 안에 있는 깊은 믿음으로 삶을 헌신하고, 성령세례를 받았으며, 기적적으로 병 고침을 받았다. 이러한 결과를 가져왔던 그 능력은 복음을 퍼뜨리도록 전 세계 사람들을 위해 그를 사용하신 성령의 임재에서 비롯되었고, 스미스 위글스워스를 충만하게 했다. 위글스워스는 그의 사역의 모든 것에 대해 하나님께 영광을 돌렸으며 사람들이 그의 사역을 오직 이 상황 안에서 이해하기를 원했는데, 왜냐하면 그의 단 하나의 소원은 사람들이 그가 아니라 예수님을 보는 것이었기 때문이다.
　스미스 위글스워스는 1859년에 영국에서 태어났다. 소년 시절에 회심한 이후에 그는 즉시 다른 사람들의 구원에 관심을 두었기에 그의 어머니를 포함하여 다른 사람들을 그리스도께로 인도했다. 그는 젊은 청년으로서 짧은 간증을 하는 일조차 버거워했고 더구나 설교를 하기에는 더더욱 부족했다. 가족을 돕기 위해 일곱 살 때부터 하루에 열두 시간씩 일하느라 정상적인 교육을 제대로 받지 못했던 것이 큰 원인이었다. 그의 어머니는 자신을 표현하는 것을 어려워했기에 위글스워스는 어눌하고 서툰 말솜씨를 물려받을 수밖에 없었다. 그는 배관공이 된 후에도 개인적인 차원에서 많은 사람을 주님께로 인도하는 일에 계속해서 헌신했다.

그는 1882년에 하나님을 사랑하고 설교와 전도의 은사를 받은 쾌활한 젊은 여자인 폴리 피더스톤(Polly Featherstone)과 결혼했다. 그녀는 그에게 글을 가르쳤고, 가장 가깝고 막역한 친구이며 강력한 후원자가 되어 주었다. 그들은 지역사회에 사는 가난하고 빈곤한 사람들에게 동정심을 품고 선교회를 열어 가난한 사람들을 도우며 그곳에서 설교했다. 위글스워스가 그들을 위하여 기도했을 때 사람들이 기적적으로 병 고침을 받았다.

마흔여덟 살이 되던 1907년에 위글스워스의 환경이 극적으로 변화되었다. 그는 성령세례를 받으면서 설교할 수 있는 새 능력도 받았다. 아내조차도 그의 이러한 변화에 놀라워했다. 이것이 수많은 사람에게 영향을 끼친 세계적 전도와 치유 사역의 시발점이었다. 그는 미국, 호주, 남아프리카, 그리고 유럽 전역에서 사역을 했다. 그의 사역은 1947년에 그가 죽을 때까지 계속되었다.

스미스 위글스워스의 삶과 사역에는 몇 가지 주목할 만한 특징이 있다. 진실함, 구원받지 못한 자와 병든 자에 대한 깊은 동정심, 하나님의 말씀에 대한 위축되지 않은 믿음, 그리스도는 흥하여야 하겠고 자신은 쇠하여야 한다는 생각(요 3:30 참조), 사람들을 권고하여 그들의 믿음을 굳건히 하고 하나님을 신뢰하도록 하기 위해 부르심을 받았다는 확신, 초대 교회와 같은 성령의 은사들의 나타나심과 함께 성령세례를 강조함, 그리고 여러 종류의 병을 앓는 사람들을 위한 완전한 병 고침에 대한 믿음 등이다.

　스미스 위글스워스는 '믿음의 사도'라고 불렸는데 이는 하나님 안의 절대적인 믿음이 그의 삶과 메시지의 지속적인 주제였기 때문이었다. 집회에서 그는 하나님의 말씀을 인용하여 사람들의 믿음을 세우고, 그들이 믿음으로 행동하도록 격려하기 위해 생기 넘치는 찬송으로 인도했다. 그는 하나님께서 불가능을 가능하게 하신다는 진리를 믿을 것을 강조했다. 또한 하나님께서 하실 수 있다는 위대한 믿음을 지녔기에 하나님께서는 그를 통하여 위대한 일들을 행하셨다.

　위글스워스는 특이한 사역 방법으로 유명했다. 그는 예의 바르고 친절하며 또 온화한 성품이었지만 모든 질병의 원인으로 보았던 마귀를 다룰 때만큼은 매우 거친 모습을 보였다. 사람들에게 무뚝뚝하고 강하게 행동하는 이유는 사람들이 하나님께만 초점을 맞추도록 하기 위한 노력의 결과였다. 그는 또한 마귀와 병을 향해 노여움을 쏟아내는 외관상 거친 방법으로 행동했다. 사람들의 병 고침을 위해 기도하면서 종종 때리거나 주먹으로 그들의 문제가 있는 곳이나 아픈 곳을 쳤다. 그러나 이 깜짝 놀랄 만한 치료법에도 불구하고 아무도 다치지 않았다. 오히려 현저하게 낫거나 깨끗하게 치유되었다. 왜 그러한 방법으로 치료하느냐는 질문을 받으면 그는 사람들을 때리는 것이 아니라 마귀를 때리는 것이라고 밝혔다. 그는 마귀를 부드럽게 대하거나 마귀가 다른 어디로 달아나는 것을 허락해서는 안 된다고 믿었다. 들리는 바에 의하면 대략 스무 명 정도가 그가 기도한 후에 죽음에서 다시 살아났다고 한다. 그의 무뚝뚝한 성격이 부드럽게 된 이후에 위글스워스 자신도 맹장염과 담석증을 치유받았으며, 치유 기도를 받으러 오는 사람들에게 더 유순하게 대했다. 사역할 때의 퉁명스러운 태도는 그의 사명에 대한 진지함을 드러내며 그 역할을 더 빨리 본격적으로 이루어지게 했는지도 모른다.

위글스워스는 완전한 병 고침을 믿었지만 가까운 사람들의 이해하기 힘든 병과 죽음들을 겪었다. 이는 아내와 아들의 죽음, 평생 귀머거리로 살았던 딸, 자신의 담석증과 좌골 신경통과의 싸움들을 포함한다.

그는 종종 모순된 모습을 보였다. 동정적이었지만 강직했고, 무뚝뚝했지만 유순했으며, 옷을 잘 입는 신사였지만 말은 종종 문법에 맞지 않았고 앞뒤 내용도 잘 연결되지 않았다. 그렇지만 그는 그가 지닌 모든 것으로 하나님을 사랑했으며 하나님과 말씀에 철저하게 헌신했고, 하나님께서 사람들의 삶 속에 역사하시는 것을 볼 때까지 쉬지 않았다.

1936년에 스미스 위글스워스는 우리가 지금 은사 운동이라고 일컫는 것에 관해 예언했는데, 기존의 주류 교단들이 오히려 오순절 운동을 넘어서는 부흥과 성령의 은사들을 경험하게 될 것이라고 정확하게 예언했다. 그는 그 갱신을 보지 못했으나 놀랄 만한 신유 사역과 더불어 복음 전도자와 예언자로서 오순절 운동과 은사 운동 양쪽에 모두 지대한 공헌을 했으며, 믿는 이들에게 보여 준 본보기와 영향력은 오늘날까지 이어지고 있다.

그의 생애와 사역 속에 명백하게 나타난 하나님의 능력이 없었다면 우리는 그의 설교의 원본을 읽을 수 없었을지도 모른다. 왜냐하면 그가 말로 한 메시지는 종종 연결이 되지 않았고 문법에 맞지 않는 문장들이 많았기 때문이다.

그렇지만 그는 성령을 통하여 계시를 받았기에 그의 영적 통찰력은 보석과 같이 빛을 발한다. 그의 완전한 헌신의 생애와 하나님을 믿는 믿음, 그리고 성령을 신뢰함이 메시지를 통해 삶을 바꾸는 하나님의 능력을 일으켰다.

위글스워스의 독특한 스타일 때문에 이 책의 메시지는 명료하게 다시 편집되었으며 현대인들에게 익숙하지 않은 옛 표현들은 오늘날의 표현으로 바꾸었다. 집회에서 그는 종종 방언을 말했고 통역을 했는데 이러한 통역들도 이 글에 포함되어 있다.

   결론적으로, 당신이 스미스 위글스워스의 글을 읽으면서 그의 완전한 신뢰와 하나님 안에서의 확고한 믿음을 진실로 느끼게 되고, 그가 좋아하던 말 가운데 하나인 "오직 믿으라!"라는 글귀를 마음에 간직하게 되기를 바란다.

Ever Increasing
Faith

Chapter 1

하나님을 믿는 믿음

Ever Increasing
Faith

Chapter 1

하나님을 믿는 믿음

내가 진실로 너희에게 이르노니 누구든지 이 산더러 들리어 바다에 던져지라 하며 그 말하는 것이 이루어질 줄 믿고 마음에 의심하지 아니하면 그대로 되리라 그러므로 내가 너희에게 말하노니 무엇이든지 기도하고 구하는 것은 받은 줄로 믿으라 그리하면 너희에게 그대로 되리라 막 11:23-24

오늘날은 우리가 하나님을 알아 가고 믿음을 강하게 해야 할 때다. 하나님께서는 "오직 의인은 믿음으로 말미암아"(롬 1:17) 살도록 계획하셨다. 비록 그가 어떠한 속박 가운데에 있다 할지라도 믿음으로 변화될 수 있다. 나는 하나님의 말씀이 그 자체로 충분하다는 것을 안다. 그분께서 하시는 한마디의 말씀이 한 나라를 바꿀 수 있다.

그분의 말씀은 "영원부터 영원까지"(시 90:2) 이어진다. 이 영원하고 썩지 않는 씨앗인 말씀이 들어옴으로써 우리는 거듭나게 되고, 놀라운 구원으로 들어가게 되었다. "…사람이 떡으로만 살 것이 아니요 하나님의 입으로부터 나오는 모든 말씀으로 살 것이라 하였느니라 하시니"(마 4:4). 말씀은 믿음의 자양분이다. "그러므로 믿음은 들음에서 나며 들음은 그리스도의 말씀으로 말미암았느니라"(롬 10:17).

확실한 하나님의 말씀

사람들은 언제나 성경을 의심하고 성경에 나오는 모든 기적을 제하려고 한다. 어떤 설교자는 "예수님께서는 나귀가 묶여 있는 곳을 이미 준비해 놓고 제자들에게 풀어 오라고 했을 것이다"라고 주장했다(마 21:2-3 참조). 그러나 하나님께서는 직접 가지 않으시고도 모든 것을 준비하실 수 있는 분이시다. 그분은 당신을 위한 계획을 가지고 계시며, 그분이 계획하신 모든 것은 평화롭다.

당신이 믿기만 하면 능히 하지 못할 일이 없을 것이다(막 9:23 참조).

또 다른 설교자는 "예수님께서 떡 다섯 개로 오천 명을 먹이신 일은 기적이 아니다. 그 당시의 떡들은 엄청나게 커서 한 개를 천 개의 조각으로 자르는 것은 무척 쉬운 일이었다"라고 말했다(요 6:5-13 참조). 그러나 그 설교자는 어린 소년이 그 다섯 개의 떡을 점심 도시락 통에 넣어서 그곳까지 가지고 왔다는 사실을 간과했다. 하나님께는 불가능한 것이 없다. 우리가 겪는 모든 불가능은 우리의 불신으로 인한 한계로 하나님을 평가할 때 나타난다.

믿음을 추구하라

우리는 놀라우신 하나님을 소유하고 있다. 하나님께서는 과거를 간파하시며 은혜와 능력이 무한하시다. 어느 날 나는 벨파스트(Belfast)의 교회에서 한 형제를 만났다. 그는 나에게 이렇게 하소연했다. "위글스워스, 나에게는 근심거리가 있어요. 지난 다섯 달 동안 나는 무척 슬펐습니다. 우리 교회에는 항상 하늘의 축복이 임하기를 기도하던 여자가 있었지요. 그녀는 나이가 많았지만 그녀가 참석할 때에는 항상 성령의 감화가 일어났답니다. 그런데 다섯 달 전에 그녀가 넘어져서 허벅지 뼈가 부러졌어요. 의사가 깁스를 해 주었고 다섯 달 후에 그 깁스를 풀었는데 뼈들이 제대로 붙지 않았어요. 그녀는 또 넘어져서 허벅지 뼈가 또다시 부러졌어요."

그녀의 집을 방문했을 때 그녀는 방의 오른편 침대에 누워 있었다. 나는 그녀에게 "지금은 어떤가요?"라고 물었다.

"의사들이 나를 치료하지 않고 집으로 그냥 보냈어요. 나는 너무 늙어서 뼈들이 잘 붙지 않는대요. 나의 뼈에는 영양분이 없어서 의사들이 나를 위해 할 수 있는 일은 아무것도 없었어요. 남은 생애 동안 침대에만 누워 있어야 한대요."

"당신은 하나님을 믿나요?"

"네. 당신이 벨파스트에 왔다는 소식을 들은 이후에 내 믿음이 소생되었답니다. 당신이 기도해 준다면 나는 그것을 믿을 거예요. 세상에 어떤 힘도 나의 허벅지 뼈들을 붙게 할 수 없지만 하나님께서는 능히 하시지 못할 일이 없음을 나는 믿어요."

"하나님께서 지금 당신을 만나 주실 것을 믿나요?"

"네. 믿어요."

사람들이 하나님을 믿는 것을 옆에서 보는 일은 위대한 일이다. 하나님께서는 그녀의 다리에 대해 다 알고 계셨다. 나는 그녀에게 내가 기도할 때 어떤 일이 일어날 것이라고 미리 일러두었다. 그녀의 남편도 그곳에 같이 있었는데 그는 의자에 사 년 동안 앉아 있었으며 한 걸음도 걸을 수 없는 상태였다. "나는 믿지 않아요. 나는 믿지 않을 거예요. 당신은 절대 나를 믿게 할 수 없을 겁니다." 그는 이렇게 소리를 질렀다.

나는 "알았어요"라고 말하고 나서 두 손을 그녀에게 주 예수의 이름으로 얹었다.

두 손을 얹은 순간 하나님의 능력이 즉시 그녀에게 들어갔고, 그녀는 "내가 나았어요"라고 외쳤다.

"나는 당신이 일어서는 것을 돕지 않겠어요. 하나님께서 모든 것을 하실 것입니다." 그녀는 혼자의 힘으로 일어섰고 방을 왔다 갔다 걸으며 하나님을 찬양했다.

그때 남편이 이 일을 보고 놀라워하며 "나를 걷게 해 주세요. 나를 걷게 해 주세요"라고 소리쳤다.

나는 그에게 "나이 든 죄인이여, 회개하세요"라고 말했다.

"주님, 당신은 내가 한 말이 진심이 아니라는 것을 아시지요. 내가 믿는다는 것을 당신이 아십니다."

나는 그의 말을 믿을 수 없었지만 우리 주님께서는 동정심이 많은 분이셨다. 그분이 우리의 죄를 주목하시면 과연 우리가 설 곳이 있겠는가? 우리가 조건을 갖추기만 하면 하나님께서는 우리를 항상 만나 주실 것이다. 우리가 믿으면 모든 것이 가능하다.

내가 두 손을 그에게 얹자 능력이 그의 몸에 들어갔고, 그의 다리는 사 년 만에 처음으로 힘을 얻어 그의 몸을 일으켰다. 그는 방을 들락날락하며 걸어 다녔다. 그리고 "오늘 밤 하나님께서 우리에게 행하신 일이 얼마나 위대한가!"라고 고백했다.

"무엇이든지 기도하고 구하는 것은 받은 줄로 믿으라 그리하면 너희에게 그대로 되리라"(막 11:24).

하나님을 향하여 소원을 품으라. 당신이 단순히 믿음으로 행할 때 그분이 그 소원을 따라서 당신을 만나 주실 것이다.

다른 사람들의 병이 낫는 것을 본 한 남자가 자신도 낫기를 원하여 내가 인도하는 집회에 참석했다. 그는 팔이 굳어서 수년 동안 팔을 움직일 수 없었다고 밝혔다. 나는 그에게 "믿음이 있나요?"라고 물었다.

그는 자신이 큰 믿음을 지녔다고 말했다. 기도 후에 그는 그의 팔을 빙빙 돌렸다. 그러나 만족하지 않고 불평하며 "이곳이 조금 불편해요"라고 하면서 어떤 한 부분을 가리켰다.

"무엇이 문제인지 아시나요?" 내가 묻자 그는 모른다고 대답했다.

나는 '불완전한 믿음'이 문제라고 알려 주었다.

"무엇이든지 기도하고 구하는 것은 받은 줄로 믿으라 그리하면 너희에게 그대로 되리라"(막 11:24).

당신은 구원받기 전에 믿었는가? 많은 사람이 구원받기를 원하지만 그들은 먼저 구원받은 것을 느끼기 원한다. 그 누구도 믿기 전에는 구원받은 것을 느끼지 못할 것이다. 하나님의 계획은 언제나 변함이 없다. "네가 믿으면 하나님의 영광을 보리라"(요 11:40). 나는 하나님께서 우리를 모두 신실한 믿음과 주님을 신뢰하는 명확한 상소로 인도하기를 원하신다는 것을 믿는다.

마가복음에서 예수님께서는 산에 대한 비유를 들려주셨다. 왜 그분은 산을 말씀하셨을까? 믿음으로 산을 움직일 수 있다면 이 믿음은 모든 것을 움직일 수 있기 때문이다. 하나님의 계획은 매우 위대하기 때문에 당신이 오직 믿기만 하면 모든 것에 능히 하지 못함이 없으리라.

의심이 없는 사랑

나는 당신이 이 특별한 구절에 주목하기를 바란다. "마음에 의심하지 아니하면"(막 11:23). '마음'이 중요하다. 젊은 남녀를 보라. 그들은 첫눈에 사랑에 빠졌을 때 짧은 순간에 서로를 향한 깊은 애정과 강렬한 사랑의 마음을 품는다. 무엇이 사랑의 마음인가? 바로 믿음의 마음이다. 믿음과 사랑은 친척이다. 젊은 남녀가 서로 사랑한다는 것은 서로 믿는다는 것을 의미한다. 한 사람은 북쪽으로 가고 한 사람은 남쪽으로 갈지라도 사랑으로 인해 그들은 서로를 믿을 수 있다.

주 예수 그리스도를 향한 깊은 사랑이 마음에 있을 때도 마찬가지다. 바울은 하나님께서 우리를 이러한 새 생명으로 인도하신 것을 설명하기를, "그리스도의 몸으로 말미암아 율법에 대하여 죽임을"(롬 7:4) 당했고, 우리가 "죽은 자 가운데서 살아나신"(4절)

그분과 결합(결혼)하는 것이라고 했다. 하나님께서는 우리를 완전한 사랑과 믿음으로 인도하신다. 하나님께로부터 난 사람은 어떤 것이든지 불순한 것은 줄어들고 주 예수님을 향한 충성스러운 열정은 배가된다. 남녀 사이에 깊고 자연스러운 애정이 있을 때에는 서로 순결하며 그들은 진실하지 않은 생각은 경멸한다. 이런 면에서 예수님을 믿는 사람을 순결하다고 평가할 수 있다. 예수님을 그리스도로 믿는 자는 세상을 이긴다(요일 5:5 참조). 이 믿음은 "사랑으로써 역사"(갈 5:6)한다.

주님과 믿음의 교제를 나누면 우리의 믿음이 꺾이지 않는다. 우리의 마음에 의심이 싹틀 수 없다. 하나님과 동행하면 그분 안의 생명과 본성이 우리에게 전달되는 놀라운 일이 생긴다. 그분의 말씀을 읽고 우리에게 주신 은혜로운 약속을 믿을 때 그분의 본질과 생명에 동참할 수 있다. 주님께서는 우리의 신랑이 되시고 우리는 그분의 신부다. 그분의 말씀은 우리를 바꾸고 변화시키며 세상적인 것을 내쫓고 신성한 것으로 인도하는 영과 생명이다(요 6:63 참조).

인간적인 관점으로 하나님의 사랑을 이해하는 것은 불가능하다. 하나님의 성령으로부터 계시를 받아야만 한다. 이는 하나님께서 임의로 주시는데, 구하는 자가 받는다(마 7:8 참조). 하나님께서는 "생명과 경건에 속한 모든 것을 우리에게"(벧후 1:3) 주기를 원하신다. 이것이 바로 예수님을 보내신 하나님의 사랑이다. 그리고 이와 똑같은 사랑으로 당신과 내가 그분의 사랑을 믿도록 도와주신다. 하나님께서는 모든 약한 데서 당신의 능력을 완전하게 하실 것이다(고후 12:9-10 참조). 그분의 손길을 원하는 자는 그분이 우리를 사랑하신다는 것을 기억해야 한다. 불쌍한 자, 무능한 자, 병든 자, 사랑의 본질이신 모든 은혜의 하나님께로부터 떨어진 자들이여! 하나님께서는 우리에게 생명의 모든 유업과 능력과 권세를 기꺼이 주기를 기뻐하신다.

오늘 깨끗함을 받으라

주님께서는 스위스에서 많은 사람에게 은혜로 역사하시고 병을 고치셨다. 나는 골디윌(Goldiwil)의 로이스(Reuss) 형제와 같이 지냈는데, 어느 날 두 명의 경관이 로이스를 찾아와 나를 체포하겠다고 밝혔다. 죄목은 면허증 없이 사람들을 치료한다는 것이었다. 로이스는 그들에게 내가 이 마일 떨어진 곳에서 집회를 하고 있는데 체포하러 가기 전에 먼저 보여 줄 것이 있다고 말했다.

로이스는 두 경관을 동네의 한 집으로 데리고 갔다. 그곳은 두 경관도 잘 아는 곳으로, 그들이 몇 번이나 유치장에 가두었던 여자의 집이었다. 그 여자는 종종 술에 취해 길거리에서 싸움을 일삼았다. 로이스는 그 여자를 보며 이렇게 말했다. "당신들이 체포하려고 온 사람의 사역에서 일어난 많은 축복 가운데 하나의 사건이지요. 이 여자는 술에 취했고 몸이 두 군데나 부러진 상태로 집회에 왔었어요. 전도자가 두 손을 그녀에게 얹은 후 여자를 고치시고 구출해 달라고 하나님께 구했어요."

여자는 이 말에 동의하며 "네. 하나님께서는 나를 구원하셨고, 나는 그때 이후로 한 방울의 술도 입에 대지 않았어요"라고 말했다.

그들은 나를 체포하려고 영장을 가지고 왔지만 "이런 일들은 의사들에게 맡기시오"라는 말을 남기고 돌아갔다.

우리는 마음이 깨어진 자를 치료하시며 포로 된 자를 자유롭게 하시고 가장 악한 자를 구원하시는 주님을 소유하고 있다. 어떻게 감히 우리의 혼과 영과 몸을 위한 하나님의 영광스러운 복음을 거절할 수 있겠는가? 이 충만한 복음은 숨겨져 있는데 이는 속박에서 영혼을 자유롭게 하며 몸에 건강을 가져오는 완전한 구원의 복음이다. "내가 진실로 너희에게 이르노니 누구든지 이 산더러 들리어 바다에 던져지라 하며 그 말하는 것이 이루어질 줄 믿고 마음에 의심하지 아니하면 그대로 되리라"(막 11:23). 무엇이든지!

하나님께서는 우리가 강퍅하거나 비판적이거나 혹은 용서하지 못하는 자리에 있을 때 우리를 결코 축복할 수 없으시다. 이 상황들은 무엇보다도 믿음을 방해한다. 나는 사람들이 깨끗함을 구하며 세례받기를 기다리던 모임을 기억한다. 그곳에 몹시 울어서 눈이 빨갛게 된 사람이 있었다. 그는 나에게 "다녀올 데가 있어요. 잘못된 것을 바로잡고 와야겠어요. 처남에게 성난 말투로 가득 찬 편지를 썼는데 먼저 그것을 반드시 해결해야겠어요"라고 고백했다.

그는 집으로 돌아가서 처남에게 다시 편지를 써서 그 전에 악하게 편지를 쓴 것에 대해 용서를 구하겠다고 아내에게 말했다. 그러나 아내는 어리석은 일이라며 말렸다.

"상관없어요. 이것은 나와 하나님과의 문제이고 반드시 해결되어야 해요." 편지를 쓴 후 그가 다시 돌아왔을 때 하나님께서는 즉시 그를 성령으로 충만하게 하셨다.

병 고침을 원하는 사람 중에 마음속에 어두운 과거를 품고 있는 사람들이 많다. 이러한 것들을 떠나가게 하라. 그리고 용서하라. 그리하면 주님께서도 용서하실 것이다. 선하고 훌륭한 사람들이 많지만 그들은 하나님을 위하여 무언가를 할 수 있는 능력이 없다. 오래전에 아주 작은 어떤 것들이 그들의 마음속에 들어갔는데 그것을 그대로 방치해 두어 그들의 믿음은 멈추어 버리고 말았다.

모든 것을 빛으로 가져오라. 하나님께 맡기면 그분이 모든 것을 쓸어버리실 것이다. 그리스도의 보배로운 피가 모든 죄를 씻게 하라. 당신이 오직 믿기만 하면 하나님께서 당신을 만나 주실 것이고 사랑의 햇빛을 당신의 삶 속에 비추실 것이다.

뉴질랜드에서 일어난 치유

우리는 뉴질랜드의 웰링톤(Wellington)에서 스미스 위글스워스 형제가 인도한 집회 중에 병 고침을 받은 여러 사람의 간증들을 들었다. 크라이스트처치(Christchurch)의 커티스 부인(E. Curtis)은 패혈증으로 고통을 받았다. 그녀는 해골처럼 말라 갔는데 의사들은 그녀에게 아무것도 해 줄 수 없었다. 그녀는 밤낮으로 고통 속에서 괴로워했다. 집회에서 기도를 받은 그녀는 즉시 치유되었다. 그녀는 지난 십육 년 동안 고통의 희생자였는데 지금은 놀라울 정도로 건강하게 되었다.

어떤 사람들은 유아기 때부터 앓았던 척추 측만증을, 엉덩이 질병을, 심장병을 치유받았다. 한 쪽 다리가 삼 인치나 길고 다리통도 삼 인치나 늘어난 여자는 고침을 받아 그동안 신었던 큰 부츠를 버렸다. 그리고 지금은 똑바로 걸을 수 있다. 또 다른 사람은 갑상선 종양을 치유받았다.

_〈오순절 복음〉(The Pentecostal Evangel)

Chapter 2

포로 된 자에게 자유를

Ever Increasing
Faith

Chapter 2

포로 된 자에게 자유를

예수께서 성령의 충만함을 입어 요단 강에서 돌아오사 광야에서 사십 일 동안 성령에게 이끌리시며 마귀에게 시험을 받으시더라 이 모든 날에 아무 것도 잡수시지 아니하시니 날 수가 다하매 주리신지라 마귀가 이르되 네가 만일 하나님의 아들이어든 이 돌들에게 명하여 떡이 되게 하라 예수께서 대답하시되 기록된 바 사람이 떡으로만 살 것이 아니라 하였느니라 마귀가 또 예수를 이끌고 올라가서 순식간에 천하 만국을 보이며 이르되 이 모든 권위와 그 영광을 내가 네게 주리라 이것은 내게 넘겨 준 것이므로 내가 원하는 자에게 주노라 그러므로 네가 만일 내게 절하면 다 네 것이 되리라 예수께서 대답하여 이르시되 기록된 바 주 너의 하나님께 경배하고 다만 그를 섬기라 하였느니라 또 이끌고 예루살렘으로 가서 성전 꼭대기에 세우고 이르되 네가 만일 하나님의 아들이어든 여기서 뛰어내리라 기록되었으되 하나님이 너를 위하여 그 사자들을 명하사 너를 지키게 하시리라 하였고 또한 그들이 손으로 너를 받들어 네 발이 돌에 부딪치지 않게 하시리라 하였느니라 예수께서 대답하여 이르시되 주 너의 하나님을 시험하지 말라 하였느니라 마귀가 모든 시험을 다 한 후에 얼마 동안 떠나니라 예수께서 성령의 능력으로 갈릴리에 돌아가시니 그 소문이 사방에 퍼졌고 친히 그 여러 회당에서 가르치시매 뭇 사람에게 칭송을 받으시더라 예수께서 그 자라나신 곳 나사렛에 이르사 안식일에 늘 하시던 대로 회당에 들어가사 성경을 읽으려고 서시매 선지자 이사야의 글을 드리거늘 책을 펴서 이렇게 기록된 데를 찾으시니 곧 주의 성령이 내게 임하셨으니 이는 가난한 자에게 복음을 전하게 하시려고 내게 기름을 부으시고 나를 보내사 포로 된 자에게 자유를, 눈 먼 자에게 다시 보게 함을 전파하며 눌린 자를 자유롭게 하고 주의 은혜의 해를 전파하게 하려 하심이라 하였더라 책을 덮어 그 맡은 자에게 주시고 앉으시니 회당에 있는 자들이 다 주목하여 보더라 눅 4:1-20

우리의 귀하신 주 예수님께서는 모든 사람을 위한 모든 것을 소유하고 계신다. 죄 사함, 병 고침, 성령의 충만함, 이 모든 것이 한 근원-주 예수 그리스도께로부터 나온다. "어제나 오늘이나 영원토록 동일"(히 13:8)하신 예수님께서 그분이 오신 목적을 알리는 것을 들으라.

주의 성령이 내게 임하셨으니 이는 가난한 자에게 복음을 전하게 하시려고 내게 기름을 부으시고 나를 보내사 포로 된 자에게 자유를, 눈 먼 자에게 다시 보게 함을 전파하며 눌린 자를 자유롭게 하고 주의 은혜의 해를 전파하게 하려 하심이라 하였더라 눅 4:18-19

하나님의 능력은 오늘날에도 유효하다

예수님께서 요단 강에서 요한에게 세례를 받으셨을 때 성령이 그 위에 비둘기의 형상으로 내려오셨다. 성령으로 충만한 그분은 성령에 이끌리어 광야에 들어가셨으며 그곳에서 사탄을 정복하는 예언을 실현하셨다. 그리고 갈릴리로 돌아가셔서 성령의 능력으로 회당에서 가르치시고, 마지막으로 그분의 고향 나사렛으로 가셔서 위에서 인용한 말씀과 같이 그분의 사명을 알리셨다. 예수님께서는 지상에서 아주 짧은 기간 동안 사역하신 후에 그분의 생명을 모든 인류를 위해 대속물로 바치셨다. 그러나 하나님께서 예수님을 죽은 자 가운데서 다시 살리셨다.

하늘로 올라가시기 전에 그분은 제자들에게 그들도 역시 성령의 능력을 받아야만 한다고 말씀하셨다(행 1:8). 그래서 그들을 통하여 주님의 귀하신 사역이 계속될 수 있었다. 이 성령의 능력은 소수의 사도에게만 국한된 것이 아니라 "모든 먼 데 사람 곧 주 우리 하나님이 얼마든지 부르시는 자들에게"(행 2:39) 약속된 것이며, 이는 오늘날의 우리에게도 해당된다. 어떤 사람들은 "이 능력은 1세기의 소수의 특별한 사람들에게만 주어진 것이 아닙니까?"라고 묻는다. 그렇지 않다. 마가복음 16장 15-18절에 기록된 주님의 선교 대명령을 읽으라. 그리하면 이 능력이 모든 믿는 자들을 위해 주신 것임을 알게 될 것이다.

능력의 목적

나는 성령세례를 받은 후에(내가 알기로 내가 받은 것은 주님께서 예루살렘에 있는 제자들에게 베푸신 것과 동일한 방법으로 주신 성령이다) 왜 내가 성령세례를 받았는지 궁금해하며 주님의 마음을 구했다. 하루는 일을 마치고 집으로 들어오자 아내가 어떤 문으로 들어왔느냐고 물었다. 나는 뒷문으로 들어왔다고 대답했다. 아내는 "한 여자가 여든 살이 된 남자를 데리고 와서 이층에 있어요. 기도를 받고 싶어 해요. 그런데 그는 계속 헛소리를 하고 있어요. 많은 사람이 앞문 밖에 모여서 집 안에서 어떤 일이 벌어지고 있는지 알고 싶어 해요"라고 전했다.

그때 주님께서 조용히 "이것이 내가 너에게 성령세례를 준 이유란다"라고 속삭이셨다.

나는 주님의 말씀에 순종하기를 원하면서 조심스럽게 그 남자가 머무는 방문을 열었다. 그 남자는 울면서 "나는 타락했어요! 타락했어요! 용서받지 못할 죄를 지었어요. 나는 타락했어요! 타락했어요!"라고 절망적으로 외쳤다.

주님의 영이 나에게 임하셔서 "너 누워 있는 귀신아 나오라"라고 소리치게 하셨다. 곧바로 악한 영이 떠나고 그 사람은 자유롭게 되었다. 포로 된 자에게 자유를!

그러자 주님께서 "이것이 내가 너에게 성령세례를 준 이유란다"라고 다시 말씀하셨다.

하나님께서 성령의 능력을 통하여 우리의 삶 속에서 통치하시는 자리가 있다. 성령은 그리스도의 본질을 열어 우리에게 나타내시고 알리시며(요 16:15 참조), 사탄의 세력들과 싸워 이길 수 있도록 우리를 준비시키신다.

오늘날에도 기적을 기대하라

니고데모는 예수님께 와서 "당신은 하나님께로부터 오신 선생인 줄 아나이다 하나님이 함께 하시지 아니하시면 당신이 행하시는 이 표적을 아무도 할 수 없음이니이다"(요 3:2)라고 고백했다. 예수님께서는 그에게 "진실로 진실로 네게 이르노니 사람이 거듭나지 아니하면 하나님의 나라를 볼 수 없느니라"(3절)라고 말씀하셨다.

니고데모는 기적의 역사에 감동되었다. 예수님께서는 모든 사람이 하나님의 나라를 보는 기적의 필요성을 지적하셨다. 사람이 하나님 안에서 거듭났을 때(흑암에서 빛으로 인도되었을 때), 위대한 기적이 일어난 것이다. 하나님께서 만지신 모든 것을 예수님께서는 기적으로 보셨으므로 오늘날 우리도 기적의 역사를 보기를 기대해야 한다. 주님의 성령이 우리 위에 임하시는 것은 놀라운 일이다. 나는 백만 불을 받는 것보다 하나님의 성령이 내 위에 오 분 동안 임재하시는 것을 더 원한다.

불신을 위한 치료제

당신은 예수님께서 광야에서 마귀를 어떻게 물리치셨는지를 보았는가?(눅 4:1-13 참조) 예수님께서는 자신이 하나님의 아들인 것을 아셨으나, 사탄은 "만일"이라는 말을 들고 나왔다. 얼마나 여러 번 사탄이 이러한 방법으로 당신에게 접근했는가? 사탄은

"너는 결국 속은 거야. 너는 정말로 하나님의 자녀가 아니라는 것을 알게 될 거야"라고 속삭인다. 만일 마귀가 다가와서 당신이 구원받지 못했다고 말하면 그것이야말로 당신이 실제로 구원을 받았다는 확실한 증거다. 그가 당신에게 병 고침을 받지 못했다고 말할 때 이것은 주님께서 그분의 말씀을 보내셔서 당신을 고치실 좋은 증거가 될 것이다(시 107:20 참조). 마귀는 당신의 생각을 사로잡으면 자신이 승리할 수 있다는 것을 알고 있다. 그의 주요 사업은 생각을 주입시키는 일인데, 만일 당신이 순결하고 거룩하다면 곧 마귀로부터 피할 수 있을 것이다. 하나님께서는 우리의 마음이 그리스도 예수의 마음이 되기를 원하신다. 그 순결하고 거룩하며 겸손한 그리스도의 마음이 우리 안에 있기를 원하신다(빌 2:5 참조).

나는 가는 곳마다 마귀에게 현혹되어 있는 사람들을 보는데, 이는 자신의 마음을 마귀가 견고한 진으로 삼도록 허락했기 때문이다. 어떻게 이것에 대항하여 마음을 지킬 수 있을까? 주님께서 우리에게 하나님의 능력으로 적의 견고한 진을 파괴할 무기를 주셨다(고후 10:4 참조). 바로 "모든 생각을 사로잡아 그리스도에게 복종"(고후 10:5)하는 것이다. 예수 그리스도의 보혈과 그분의 능력의 이름만이 사탄이 우리 마음속에 심어 놓은 모든 음흉한 불신의 씨앗들에 대한 치료제다.

오늘날 일어난 그리스도의 놀라운 역사들

사도행전 첫 장에서 예수님께서는 제자들에게 "아버지께서 약속하신 것을 기다리라"(행 1:4)라고 명령하셨다. 또한 몇 날이 되지 못하여 그들이 성령으로 세례를 받을 것이라고 말씀하셨다(5절 참조). 누가는 사도행전에 "무릇 예수께서 행하시며 가르치시기를 시작하심"(1절)에 대한 기록을 남겼다. 그리스도의 사역은 십자가에서 끝나지 않았다. 사도행전과 여러 서신은 그분이 성령을 받은 사람들을 통하여 계속 행하시고 가르치신 것을 설명해 준다.

우리의 복 되신 주 예수님께서는 지금도 살아 계시며, 성령으로 충만하게 된 사람들을 통하여 그분의 사역은 계속되고 있다. 그분은 지금도 비탄에 잠긴 자들을 고치시고, 성령을 부으신 사람들을 통해 포로 된 자들을 자유롭게 하신다.

하루는 내가 스웨덴에서 기차를 타고 여행하고 있을 때였다. 한 역에서 나이 든 여자가 딸과 함께 기차에 탔다. 그녀의 마음이 심히 괴로워 보여서 그녀에게 물어보니 다리를 절단하러 병원에 가는 길이라고 했다. 의사들이 다리를 절단하는 것 외에는 다른 방법이 없다고 말했다면서 그녀는 울기 시작했다. 그녀의 나이는 일흔 살이었다. 나는 통역사에게 예수님께서 고치실 것이라는 말을 전해 달라고 했다. 이 말을 들은 그녀는 곧바로 얼굴에서 덮개가 벗겨진 것처럼 매우 밝아졌다.

다음 역에서 기차가 서자 많은 사람이 기차에 올라타려고 북적거렸다. 마귀가 그때 "너는 끝났어"라고 속삭였다. 그러나 나는 오히려 가장 좋은 기회를 얻었다는 것을 알았다. 주님께서 그분의 능력을 나타내실 때 어려운 상황은 오히려 더 큰 영광을 돌리는 기회가 된다.

그러므로 모든 시련은 축복이다. 마치 기관차가 나를 향해 달려오는 것 같은 환경 속에 억눌려 있을 때 나는 이 어려운 상황이 단지 하나님의 은혜 안으로 나를 들어 올리는 장치라는 것을 발견했다. 우리는 매우 사랑스러운 예수님을 소유하고 있다. 그분은 항상 자신이 능력의 구원자라는 것을 증명하신다. 그분은 우리를 향한 가장 좋은 것들을 계획하시는 일에 결코 실패하지 않으신다.

기차가 막 움직일 무렵, 나는 몸을 구부려 예수의 이름으로 질병이 떠나가도록 명령했다. 그녀는 "내가 나았어요. 나는 내가 나은 것을 알아요"라고 소리 질렀다. 그리고 발을 구르며 "내가 증명해 보일 거예요"라고 외쳤다. 다음 역에서 그녀는 기차를 오르락내리락하면서 이제 병원에 가지 않겠다고 말했다. 우리의 놀라우신 예수님, 그분이 비탄에 잠긴 자들의 치료자이시며 묶인 자들의 구원자이심이 다시 한 번 증명되었다.

나에게 일어난 놀라운 치유

언젠가 나는 심하게 묶여 있어서 그 누구의 도움도 받을 수 없었다. 아내는 내가 곧 죽을 것이라고 생각했다. 그때는 치료자이신 예수님에 대해 흐릿하고 어렴풋하게 감지하고 있었을 때였다. 나는 여섯 달 동안 맹장염으로 고통받고 있었는데 때때로 아픔이 일시적으로 멎기도 했다.

내가 사역하고 있는 교회로 돌아왔을 때 심한 고통이 나를 덮쳤다. 사람들이 교회 바닥에 나를 눕혔다가 마침내 나의 집으로 데려다 주었다. 나는 밤새도록 기도하면서 나를 구해 달라고 간청했지만 아무 일도 일어나지 않았다.

아내는 하늘에서 나를 부르신다는 것을 확신하여 의사를 불렀다. 의사는 나에게 살 가망이 없다고 선언했다. 내 몸은 그 정도로 약했다. 의사는 내가 맹장염을 여섯 달이나 앓았기 때문에 나의 몸 전체 조직이 약해져서 수술하기에는 너무 늦었다고 말했다. 그는 나의 아내를 비탄에 잠긴 상태로 남겨두고 떠났다.

의사가 떠난 후에 한 청년과 나이 든 여자가 나를 찾아왔다. 나는 그녀가 진정으로 기도하는 여자임을 알 수 있었다. 청년이 침대로 뛰어 올라와서 나에게서 악한 영이 떠나가도록 명령했다. "너 마귀야 떠나라. 내가 예수의 이름으로 명하노니 떠나가라!"

나는 내 안에 마귀가 있다는 것을 결코 믿을 수 없지만 어쨌든 마귀는 예수의 이름으로 떠나야만 했다. 마귀가 나가자마자 나는 곧바로 치유되었다.

나는 일어나 옷을 입고 아래층으로 내려갔다. 배관공 일을 할 때여서 아내에게 일거리가 들어왔느냐고 물었다. 그리고 내가 나았고 일을 하러 갈 수 있다고 덧붙였다. 나는 끝내야 할 일을 발견하고는 연장을 챙겨 그 일을 하러 갔다.

내가 막 떠난 후에 의사가 다시 와서 거실에 실크 모자를 내려놓고 내가 있던 침실로 향했다. "위글스워스 씨는 어디에 있나요?" 그가 물었다.

"오! 의사 선생님. 그는 일하러 나갔어요." 내 아내가 말했다.

"당신은 그가 살아 있는 모습을 다시는 보지 못할 거예요. 사람들이 그의 시체를 들고 올 겁니다." 의사는 이렇게 단정 지었다.

그 일 이후로 주님께서는 세계 여러 곳에서 맹장염에 걸린 사람들을 위해 기도할 수 있는 특권을 나에게 주셨다. 수많은 사람이 내가 그들을 위해 기도한 후 십오 분 안에 일어나서 옷을 입었다. 우리는 모든 형편에 처해 있는 사람들을 만나기 원하시는 살아 계신 그리스도를 소유하고 있다.

맹장염으로 죽어 가던 여자가 치유되다

수년 전에 나는 케르(D. W. Kerr) 형제를 만났는데, 그는 시온(Zion)에 사는 쿡(Cook) 형제에게 나를 소개하는 추천장을 써 주었다. 내가 그 추천장을 쿡 형제에게 주자 그는 "하나님께서 당신을 이곳에 보내셨군요"라고 말했다. 그는 여섯 명의 주소를 나에게 주고서는 가서 그들을 위해 기도한 후 정오에 다시 만나자고 했다. 내가 12시 30분쯤 돌아왔을 때 그가 다음 주 월요일에 결혼하는 한 청년에 대해서 이야기했다. 그 청년이 사랑하는 사람이 시온 도시에 사는데, 맹장염으로 죽어 가고 있다고 했다. 내가 그 집에 가서 보니 조금 전에 다녀간 의사가 그녀에게 아무런 희망도 주지 못했다는 것을 알 수 있었다. 그녀의 어머니는 거의 미친 것 같았다. 그녀는 머리칼을 당기며 "구원은 없는가?"라고 외쳤다.

나는 그 어머니에게 "여자여, 하나님을 믿으세요. 그러면 당신의 딸이 치유되어 십오 분 안에 일어나 옷을 입을 것입니다"라고 말했다. 그러나 그녀의 어머니는 계속 소리만 질러댔다.

사람들이 그녀가 누워 있는 방으로 나를 안내했다. 나는 그녀를 위해 기도하며 예수의 이름으로 악한 영이 떠나가도록 명령했다. 곧 그녀가 "나는 나았어요"라고 외쳤다.

"당신이 나았다는 것을 내가 믿기를 원하나요? 만일 당신이 나았다면 일어나십시오." 그녀는 "당신이 방을 나가면 일어설 것입니다"라고 대답했다. 십 분이 채 되기도 전에 의사가 들어왔다. 그는 무슨 일이 일어났는지 알기를 원했다. 그녀는 의사에게 "어떤 남자가 들어와 나를 위해 기도했더니 내가 나았어요"라고 알려 주었다.

의사가 손가락으로 그녀가 매우 아파했던 오른쪽 배를 눌렀는데도 그녀는 울거나 신음하지 않았다. 의사는 "이 일은 하나님께서 하신 일이다"라고 고백했다. 그의 고백에 상관없이 하나님께서 역사하셨다.

우리의 하나님께서는 지금도 구원하시고 치료하시는 능력의 실재이시다. 예수님께서는 "어제나 오늘이나 영원토록 동일"(히 13:8)하신 분이시다. 그분은 옛날과 같이 오늘날에도 구원하시고 치료하신다. 그리고 당신의 구원자요, 치료자가 되기를 원하신다.

당신이 오직 하나님을 믿기만 한다면 위대한 일이 일어날 것이다.

어떤 사람들은 하나님의 은혜를 한 번도 누린 적이 없고, 하나님의 평화를 결코 소유해 본 적도 없다. 불신앙이 이러한 축복들을 빼앗아 간 것이다.

진리를 듣되 마음에는 품지 않는 일이 일어날 수 있다. 말씀을 읽으나 그것이 가져오는 생명을 나누지 않는 일도 일어날 수 있다. 성령이 말씀을 나타내시고 우리를 그리스도의 생명으로 인도해 주시려면 우리가 반드시 성령을 소유해야 한다. 성령으로 충만하기 전까지는 결코 이 구원의 경이를 완전히 알 수 없다.

음란으로 인한 질병

언젠가 오후 집회를 인도하고 있을 때였다. 주님께서 우리에게 은혜롭게 역사하셔서 많은 사람이 하나님의 능력으로 치료를 받았다. 거의 모든 사람이 집으로 돌아갔는데 혼자서 우물쭈물하며 망설이는 한 청년이 보였다. 나는 그에게 무엇을 원하는지 물어보았다.

그는 자신을 위해 기도해 달라고 부탁했다. 나는 무엇이 문제인지 다시 물었다.

그는 "당신은 냄새를 맡지 못하나요?"라고 물으며 자신의 이야기를 시작했다. 그 청년은 자신의 죄로 인해 고통당하고 있었다. "두 병원에서 거절당했어요. 나는 만신창이가 되었답니다. 내 몸은 온통 종기들로 가득 찼어요. 당신이 설교하는 것을 들었는데 치유에 대해서 다 이해하지는 못했지만 나에게 어떤 희망이 있는지 궁금해요."

"당신은 예수님을 아나요?" 내가 물었다. 그는 첫 단계인 구원에 대해 알지 못했다. 그렇지만 나는 그에게 가만히 서 있으라고 말한 후에 내 손을 그의 머리와 허리에 대고 예수의 이름으로 그

흉악한 질병을 꾸짖었다.

"내가 나은 것을 알겠어요. 뜨거운 것이 느껴지고 온몸에 열이 가득해요." 그가 외쳤다.

"누가 그렇게 했나요?"

"당신의 기도요."

"아니오. 예수님께서 하셨어요."

"그분이신가요! 오, 예수님! 예수님! 나를 구원하세요."

그 청년은 치유되었고 구원을 받고 돌아갔다. 오! 우리는 얼마나 자비로우신 주님을 소유했는가! 우리의 예수님은 얼마나 놀라우신가!

해방의 장소

당신은 지금 무언가에 눌려 있는가? 그렇다면 하나님께 소리쳐 외치라. 사람들이 주님을 향해 외치는 일은 언제나 멋진 일이다. 당신은 아마 소리쳐 울어야 할 것이다. 성령과 하나님의 말씀은 모든 숨겨진 불순한 것들 곧, 마땅히 드러나야 할 것들을 빛으로 인도하신다. 만일 당신의 삶 속에 망가지고 눌려 있는 부분을 하나님께 열어 드린다면 자유를 경험하게 될 것이다.

회당에 있던 귀신 들린 사람은 예수님께 이렇게 소리 질렀다.

"우리가 당신과 무슨 상관이 있나이까?"(막 1:24) 예수님께서 그가 있던 장소로 걸어 들어가시기 전까지는 기이하게도 귀신은 결코 그렇게 소리치지 않았다. 예수님께서 귀신을 꾸짖으시며 "잠잠하고 그 사람에게서 나오라"(25절)라고 말씀하시자 그 사람은 구원을 받았다. 예수님 안에 계신 성령이 악한 영의 궤계를 드러내시고, 포로 된 자들을 자유롭게 하시며, 억압 중에 있는 자들을 자유롭게 놓아 주시며, 깨끗하게 하시고, 그들의 마음을 씻기셨다.

그 남자에게 들어가 있던 군대 귀신은 그들의 때가 되기 전에 음부에 보내져서 괴로움을 당하고 싶지 않았기에 돼지 떼에 들어가게 해 달라고 애원했다(눅 8:27-35 참조). 지옥은 그토록 무서운 장소이며 마귀들조차도 가기 싫어하는 곳이다. 얼마나 더 많은 사람이 음부로부터 구원받도록 구해야 할 것인가?

하나님께서는 동정심이 많으셔서 "여호와를 만날 만한 때에 찾으라"(사 55:6)라고 하셨다. 또한 "누구든지 주의 이름을 부르는 자는 구원을 받으리라"(행 2:21)라고 선언하셨다. 지금 바로 그분을 찾으라. 지금 그분의 이름을 부르라. 여기에 죄 사함과 병 고침, 구원과 자유함 즉, 당신에게 지금 필요한 모든 것, 당신을 영원토록 만족하게 하는 것이 있다.

❦ 호주에서의 축복

호주 멜버른(Melbourne)에 사는 위니 앤드류스(Winnie Andrews) 자매의 편지

우리의 형제 위글스워스가 이곳에 2월 16일에 도착해서 그날 밤에 집회를 열었다. 귀하신 주님께서 치료하시기 위해 나타나셨다. 한 번도 걸어 보지 못한 여섯 살 된 딸이 기도를 받고 난 후 어머니와 함께 앞문으로 걸어 나왔는데 그녀는 작은 딸에게 행하신 하나님의 역사를 보고 기쁨으로 충만해졌다. 한 남자는 발이 아파서 수년 동안 고통스러워하며 지팡이에 의지해야만 걸을 수 있었는데 즉시 나았고, 주님께서 행하신 일에 대해서 여러 번 간증했다. 많은 사람이 믿음의 기도에 대한 응답으로 구원을 받았다.

휠체어에 앉은 부인을 데리고 온 남자는 부인과 함께 치유를 받았다. 그는 귀가 안 들려서 이십 년 동안 고통을 당했고, 그 아내는 육 년 반 동안 걷지 못했다. 기도가 끝나자 그녀는 휠체어에서 일어났고, 역까지 남편과 함께 빈 휠체어를 끌고 걸어갔다. 그녀는 똑바로 걸을 수 있어서 얼마나 기뻐했는지 모른다. 오! 이 놀라우신 하나님께서 우리 안에 거하신다. 그분의 거룩한 이름을 찬양하노라!

주일 오후 집회에 십삼 년 동안 결핵으로 고통받던 젊은 여자가 친구의 팔에 기대어 기도를 받으러 나왔다. 곧바로 그녀는 새 생명을 얻었고 완전히 회복되었다. 뼛속까지 곪아 들어가는 그토록 무서운 병이 치유되어서 그녀는 아주 건강하고 강해졌으며 행복해 보였다. 하나님께 영광을 돌리세!

어젯밤에는 폐병으로 고통당하던 한 청년이 기도를 받고 그 자리에서 완전하게 치유되었다. 오! 우리의 마음은 하나님께서 행하시는 영광스러운 것들로 가득 넘친다.

많은 사람이 신경통, 심장병, 폐 질환, 굳은 관절에서 치유되었다. 이십이 년간 걷지 못했고 머리를 돌리지도 못했던 한 여자가 기도 후에 침대에서 일어나 걸었다. 하나님을 찬양하라!

_〈오순절 복음〉(*The Pentecostal Evangel*), 1922년 4월 15일.

Chapter 3

예수 이름의 능력

Ever Increasing
Faith

Chapter 3

예수 이름의 능력

제 구 시 기도 시간에 베드로와 요한이 성전에 올라갈새 나면서 못 걷게 된 이를 사람들이 메고 오니 이는 성전에 들어가는 사람들에게 구걸하기 위하여 날마다 미문이라는 성전 문에 두는 자라 그가 베드로와 요한이 성전에 들어가려 함을 보고 구걸하거늘 베드로가 요한과 더불어 주목하여 이르되 우리를 보라 하니 그가 그들에게서 무엇을 얻을까 하여 바라보거늘 베드로가 이르되 은과 금은 내게 없거니와 내게 있는 이것을 네게 주노니 나사렛 예수 그리스도의 이름으로 일어나 걸으라 하고 오른손을 잡아 일으키니 발과 발목이 곧 힘을 얻고 뛰어 서서 걸으며 그들과 함께 성전으로 들어가면서 걷기도 하고 뛰기도 하며 하나님을 찬송하니 모든 백성이 그 걷는 것과 하나님을 찬송함을 보고 그가 본래 성전 미문에 앉아 구걸하던 사람인 줄 알고 그에게 일어난 일로 인하여 심히 놀랍게 여기며 놀라니라 나은 사람이 베드로와 요한을 붙잡으니 모든 백성이 크게 놀라며 달려 나아가 솔로몬의 행각이라 불리우는 행각에 모이거늘 베드로가 이것을 보고 백성에게 말하되 이스라엘 사람들아 이 일을 왜 놀랍게 여기느냐 우리 개인의 권능과 경건으로 이 사람을 걷게 한 것처럼 왜 우리를 주목하느냐 아브라함과 이삭과 야곱의 하나님 곧 우리 조상의 하나님이 그의 종 예수를 영화롭게 하셨느니라 너희가 그를 넘겨 주고 빌라도가 놓아 주기로 결의한 것을 너희가 그 앞에서 거부하였으니 너희가 거룩하고 의로운 이를 거부하고 도리어 살인한 사람을 놓아 주기를 구하여 생명의 주를 죽였도다 그러나 하나님이 죽은 자 가운데서 그를 살리셨으니 우리가 이 일에 증인이라 그 이름을 믿으므로 그 이름이 너희가 보고 아는 이 사람을 성하게 하였나니 예수로 말미암아 난 믿음이 너희 모든 사람 앞에서 이같이 완전히 낫게 하였느니라 행 3:1-16

우리는 예수의 이름으로 모든 것을 할 수 있다(마 19:26 참조). "이러므로 하나님이 그를 지극히 높여 모든 이름 위에 뛰어난 이름을 주사…모든 무릎을 예수의 이름에 꿇게 하시고"(빌 2:9-10). 예수의 이름 안에는 세상에 있는 모든 것을 제어하는 능력이 있다. 나는 예수의 이름을 통하여 놀라운 연합을 보기 원한다.

천하 사람 중에 구원을 받을 만한 다른 이름을 우리에게 주신 일이 없음이라 하였더라 행 4:12

예수의 이름을 외치라

나는 당신이 그 이름의 영광스러운 능력을 깨닫기 원한다. 어느 날 여섯 사람이 아픈 한 사람을 위해 기도하려고 그의 집을 찾아갔다. 그는 감독교회 교구목사였는데 그저 무능하게 침대에 누워 있었다. 그는 병 고침에 관련된 소책자를 읽었고, 사람들이 환자들을 위해 기도한다는 것에 대해서 들었다. 그래서 그는 이 친구들을 불러서 믿음의 기도를 요청했다. 그는 야고보서 5장 14절("그들은 주의 이름으로 기름을 바르며 그를 위하여 기도할지니라")에 따라 기름을 바르고 기도를 받았지만, 즉각적인 치유 현상이 나타나지 않았기에 서글프게 울었다. 여섯 사람은 그 병든 사람이 치유받지 못한 상태로 누워 있는 모습을 보고 풀이 죽어서 밖으로 나왔다.

그때 한 형제가 이렇게 말했다. "우리가 꼭 해야 했었던 일이 하나 있다. 모두 나와 함께 돌아가서 그 일을 해 보자." 그들은 그 집으로 다시 돌아갔다. 그 형제는 모두에게 예수의 이름을 외치자고 제안했다. 그들이 이 귀하신 이름을 외쳤지만 아무 일도 일어나지 않는 듯했다. 그러나 계속해서 "예수! 예수! 예수!"라고 외치자 능력이 임하기 시작했다. 하나님께서 일하시는 것을 보자 그들의 믿음과 기쁨이 증가되어 그 이름을 점점 더 크게 외쳤다. 이윽고 병든 사람이 침대에서 일어나서 스스로 옷을 입었다. 여섯 명이 병든 사람에게서 시선을 돌려 오직 주 예수 그리스도께 열중하며 믿음으로 그분의 이름 안에 있는 능력을 붙잡았더니 기적이 일어난 것이다. 오! 만일 사람들이 오직 예수의 이름 안에 있는 능력을 올바르게 인식한다면 장차 어떤 일이 벌어질지 말로 다 표현할 수 없을 것이다.

그분의 이름을 통하여 그리고 그분의 이름 안에 있는 능력을 통하여 우리가 하나님께로 나아갈 수 있다. 그 예수님의 얼굴이 온 세상을 영광으로 가득 차게 한다. 전 세계에 그분의 이름을 영화롭게 하는 백성이 있고, 내가 그분의 이름을 외친다는 것은 얼마나 큰 기쁨인가!

나사로를 일으키다

하루는 기도하러 산에 올라갔다가 매우 경이로운 시간을 보냈다. 그 산은 웨일즈(Wales)에서 가장 높은 산 중의 하나였다. 언젠가 어떤 사람이 그 산으로 기도하러 올라갔다가 주님의 영이 아주 놀랍게 임하셔서 그가 돌아왔을 때 얼굴이 천사처럼 빛났다는 이야기를 들었다. 마을 사람이 모두 그 사건에 대하여 이야기했다. 나도 그 산에 올라가서 주님의 임재 앞에서 하루를 보냈다. 그때 놀라운 능력이 마치 나를 감싸고 흠뻑 적시는 것 같은 경험을 했다.

이 년 전에 두 여자가 웨일즈에서 우리 집을 방문했다. 그저 평범한 여자들이었지만 하나님에 대하여 아주 열심이었다. 그들은 우리 교회에 와서 하나님께서 행하시는 여러 일을 목격한 후에 나에게 이렇게 말했다. "만일 주님께서 당신을 웨일즈로 데려가셔서 우리 나사로를 일으키신다고 해도 이제는 놀라지 않을 거예요."

그들의 교회에는 낮에는 주석 광산에서 일하고 저녁에는 설교를 했던 한 지도자가 있는데 그가 폐병에 걸려서 지난 사 년 동안 꼼짝도 못해서 숟가락으로 음식을 먹여 주어야만 하는 상황이라고 그들은 설명했다.

나는 그 산꼭대기에서 겪었던 변화의 광경이 기억났다(마 17:1-8 참조). 주님께서 우리를 영광으로 들어가게 하시는 오직 한 가지 목적은 골짜기에서 더 크게 사용하시기 위함이다.

방언의 통역

살아 계신 하나님께서 그분의 거룩한 유업을 위하여
우리를 택하셨고,
인간적인 사역이 아닌 하나님의 사역으로 이끄시기 위해

우리를 준비시키신다.

 다시 그 산에 가서 주님을 만났다. 주님께서 "네가 내려가서 나사로를 일으키기 원한다"라고 말씀하셨다.
 나는 함께 간 형제에게 내가 들은 것을 말해 주었다. 그리고 산에서 내려와서 전보를 쳤다. "내가 오늘 산 위에서 기도할 때 하나님께서 내가 가서 나사로를 일으키기 원하신다고 말씀하셨습니다." 나는 두 여자가 알려 준 주소로 편지를 먼저 보내 놓고 그곳을 찾아갔다. 어떤 사람이 우리를 맞으며 "당신이 이 편지를 보냈나요?"라고 물었다.
 나는 그렇다고 대답했다.
 그는 편지를 던지면서 이렇게 말했다. "우리가 이것을 믿을 거라고 생각하나요? 여기 있소. 가져가시오."
 그리고 하인을 불러 "이 사람을 데리고 가서 나사로를 보여 주시오"라고 말한 뒤 이렇게 덧붙였다. "그를 보는 순간 당신은 아마 집으로 돌아갈 준비를 할 겁니다. 아무것도 당신을 붙잡지 못할 거예요." 그가 말한 모든 내용은 인간적인 관점으로 볼 때는 진실이었다. 나사로라는 사람은 정말 어떻게 할 수도 없어 보였다. 그는 단지 뼈들과 그 위에 덮여 있는 피부만 빼고 아무것도 없는 것 같았다. 그에게 생명을 찾아볼 수 없었다. 마치 송장과 같았다.

나는 그에게 말을 건넸다. "당신은 소리치겠습니까? 당신은 이스라엘 백성이 여리고에서 아직 성벽이 건재한데도 소리친 것을 기억할 겁니다. 당신이 단지 믿기만 한다면 하나님께서 당신을 위해 그러한 승리를 주실 겁니다." 그러나 나는 그에게 믿음을 주지 못했다. 그에게는 티끌 같은 믿음도 없었다. 아무것도 가지지 않겠다고 마음에 작정한 것 같았다.

하나님의 말씀은 절대 실패하지 않는다는 것을 배우는 일은 축복된 일이다. 결코 사람의 계획에 귀를 기울이지 말라. 당신이 인간적인 관점에서 오는 실망에도 불구하고 그분을 끊임없이 신뢰하면 하나님께서 강하게 역사하실 것이다. 내 편지를 읽었던 사람에게 돌아갔을 때 그는 나에게 이렇게 물었다. "당신은 지금 집에 갈 준비가 되었나요?"

나는 내가 본 것에 동요되지 않았다. 오직 내가 믿는 것에 따라 움직였다. 믿기만 한다면 겉모습에 요동하지 않는다. 어떻게 느껴지는지에 대해서도 고려하지 않는다. 하나님을 믿는 사람은 이처럼 행동한다. 오순절 성령을 경험한 사람은 오직 하나님을 믿으며, 모든 것에 대해 여유롭게 웃을 수 있다.

오순절 성령의 역사에는 이 세상의 것들과 다른 것들이 존재한다. 오순절 역사 속에서 하나님께서는 실재하신다. 성령이 올바른 길을 찾으시면 어디에서나 성령의 은사들이 나타날 것이다. 그러나 이러한 은사들이 나타나지 않는다면 그분이 임재하고 계신지에 대해 물어야 한다. 오순절파 사람들은 그들과 색채가 다른 평범한 집회에 가면 만족하지 않는다. 다른 교회들이 제공하는 어떠한 환대도 원하지 않는다. 하나님께서 들어오시면 그분이 우리를 환대하실 것이다. 만왕의 왕과 만 주의 주께서 환대하실 것이다.

웨일즈 사람들은 믿기 어려운 상황에 처해 있었다. 나는 집으로 돌아갈 준비가 되었느냐는 질문을 받았다. 그러나 한 남자와 한 여자가 우리에게 와서 그들과 함께 머물 것을 요청했다.

나는 "당신들 중에 얼마나 많은 사람이 모여서 같이 기도할 수 있는지 알고 싶어요"라고 말했다. 아무도 기도하기를 원하지 않았다. 나는 이 가련한 남자를 구원하기 위해 나와 함께 기도할 일곱 명의 사람을 구할 수 있느냐고 물었다. 우리를 대접하려는 두 사람에게 나는 이렇게 말했다. "당신들 두 사람과 여기에 있는 나와 내 친구까지 해도 세 명이 더 필요해요." 나는 사람들에게 그들의 특권을 일깨워 주었다. 또한 아침에 나와서 나사로를 위해 우리와 함께 기도할 것을 확신한다고 말했다. 사람들의 의견에만 귀를 기울인다면 결코 이루어지지 못할 상황이었다. 그러나 만일 하나님께서 어떤 일을 하시겠다고 말씀하시면 당신은 그것을 믿어야 한다.

나는 사람들에게 그날 밤에 아무것도 먹지 않겠다고 말했다. 그리고 잠자리에 들었을 때 나는 마귀가 침내에 누워 있는 가련한 그 사람에게 내려놓았던 모든 것을 내 위에 내려놓은 것 같은 느낌을 받았다. 나는 기침을 하기 시작했고, 폐병 환자들이 앓는 모든 증상이 나에게 나타났다. 침대에서 일어나 마루로 나와 마귀의 손아귀에서 나를 구출해 달라고 하나님께 부르짖었다. 집에 있는 모든 사람이 깨어날 정도로 크게 소리쳤으나 아무도 깨지 않았다. 마침내 하나님께서 승리를 주셨다. 그날 나는 나의 생애에서 가장 편안한 잠을 잤다. 새벽 5시에 주님께서 나를 깨워 말씀하시기를 "나의 식탁에서 먹을 때까지 아침을 먹지 말아라"라고 하셨다. 6시에는 "내가 이를 다시 살리리라"(요 6:40)라는 말씀을 주셨다. 함께 자고 있던 형제에게 내 팔꿈치를 대자 그가 "우!" 하고 소리를 질렀다. 나는 다시 팔꿈치를 대며 "당신도 들었나요? 주님께서 그 사람을 일으키실 거라고 말씀하셨어요"라고 속삭였다.

8시가 되자 그들이 와서 아침 식사를 하라고 했다. 그러나 나는 기도하며 금식하는 큰 기쁨을 경험했다. 당신이 하나님께로 인도된다면 이 기쁨을 항상 발견할 수 있을 것이다.

나사로의 집에 갔더니 그곳에 모두 여덟 명이 모여 있었다. 아무도 나에게 하나님께서 기도에 응답하지 않으신다는 것을 증명하지 못했다. 그분은 언제나 우리가 구하는 것이나 생각하는 모든 것을 초월해서 풍성하게 주신다.

우리가 그 아픈 사람의 방에 들어갔을 때 어떻게 하나님의 능력이 우리에게 임했는지 나는 결코 잊을 수가 없다. 오! 이는 정말로 놀라운 경험이었다. 우리는 침대를 중심으로 둘러서서 서로의 손을 잡았다. 한 형제가 아픈 사람의 한 손을 잡았다. 나는 이렇게 말했다. "우리는 기도하지 않고 다만 예수의 이름을 부를 것입니다."

우리는 모두 무릎을 꿇고 같은 말만 계속해서 외쳤다. "예수! 예수! 예수!" 하나님의 능력이 임했고 그것이 올라갔다. 다섯 번이나 하나님의 능력이 임한 후에야 그 능력이 우리 곁에 머물렀다. 그러나 침대에 누워 있는 사람은 움직이지 않았다.

이 년 전에 어떤 사람이 와서 나사로를 일으키려고 했었지만 마귀는 그를 실망시킬 요량으로 그 실패를 사용했다고 했다. 나는 나사로를 향해 말했다. "나는 마귀가 뭐라고 말하든지 상관하지 않아요. 하나님께서 당신을 일으키실 것이라고 말씀하신다면 반드시 그렇게 될 겁니다. 하나님께서 예수님에 대해서 말씀하신 것 외에는 그 어떤 것이라도 잊어버리세요."

여섯 번째로 능력이 임했을 때 그 아픈 사람의 입술이 움직이기 시작하면서 눈물이 흘러내렸다. 나는 그에게 "하나님의 능력이 여기에 있어요. 이것을 받으세요"라고 권했다.

그러자 그가 고백했다. "내 속에 쓴 마음이 있었어요. 내가 하나님의 성령을 근심하게 한 것을 알아요. 지금 나는 무능한 채로 있어요. 내 손을 들 수도 없고 숟가락을 입으로 가져올 수도 없어요."

"회개하세요. 그러면 하나님께서 들으실 겁니다." 내가 말했다.

그는 회개했고, "오! 하나님, 이 일이 당신의 영광이 되게 하소서"라고 소리쳤다. 그가 말을 마치자마자 주님의 형상이 그에게로 들어갔다.

나는 주님께 이 일을 있는 그대로만 전할 수 있도록 해 달라고 구했는데, 이는 하나님께서 과장하는 것을 축복하시지 않음을 알기 때문이다.

우리가 다시 "예수! 예수! 예수!"라고 외치자 침대가 들썩거리면서 나사로도 움직였다.

나는 함께한 사람들에게 빨리 아래층으로 내려가라고 말했다. "이 일은 모두 하나님께서 하신 일입니다. 나는 그를 돕지 않을 것입니다." 나는 앉아서 그 사람이 일어나 스스로 옷을 입는 것을 지켜보았다. 우리는 그가 스스로 계단을 내려올 때 영광송을 불렀다. 나는 그에게 어떤 일이 일어났는지 지금 모두에게 전하라고 말했다.

나사로가 일어났다는 소문은 곧바로 먼 곳까지 퍼져 나갔고, 라넬리(Llanelly)와 그 근처에 사는 사람들이 그를 보고 간증을 들으려고 찾아왔다. 그리고 하나님께서 많은 사람에게 구원을 베푸셨다. 나사로는 야외 집회에서 하나님께서 행하신 일을 간증했고 그 결과 많은 사람이 믿음으로 개종했다. 이 모든 일이 예수의 이름을 통하여 왔고 그분의 이름으로 말미암은 믿음에서 왔다(행

3:16 참조). 그렇다. 그분을 믿음으로 말미암아 하나님께서는 이 병자에게 모든 사람 앞에서 완전한 건강을 주셨다.

나면서 못 걷게 된 사람이 치유되다

베드로와 요한은 무능했고 제대로 배우지 못한 무식한 사람들이었다. 그러나 그들은 예수님과 함께 생활했다. 그들에게 예수 이름의 놀라운 능력의 계시가 임했다. 그들은 예수님께서 증가시켜 놓은 떡과 물고기를 사람들에게 나누어 주었다. 예수님과 함께 식탁에 앉았고 요한은 종종 그분의 얼굴을 응시했다. 베드로는 때로 책망을 받았으나 예수님께서는 베드로에게 이 모든 것을 통하여 사랑을 나타내셨다. 그분은 고집 센 베드로를 사랑하셨다.

오! 그분은 놀라운 구세주이시다. 나는 고집 센 사람이었고 완고했으며 제어할 수 없는 성격의 소유자였으나 그분은 나를 얼마나 참아 주셨는지 모른다. 예수님 안에는 능력이 있고 그분의 놀라운 이름 안에는 누구라도 변화시키고 치유할 능력이 있다.

당신이 오직 그분을 "우리 모두의 죄악을"(사 53:6) 담당하신 하나님의 어린 양이며 하나님의 사랑하시는 아들로 볼 수 있다면, 또한 예수님께서 우리에게 자유를 주시고 우리의 구속을 위하여 모든 대가를 치르신 것을 볼 수 있다면, 당신은 살아 있는 구원과 생명과 능력의 유산 안으로 들어갈 수 있을 것이다.

가난한 베드로와 요한! 그들은 돈이 없었다. 그러나 그들에게는 믿음이 있었고, 성령의 능력을 가졌으며, 하나님께서 그들과 함께하셨다. 당신이 지금 아무것도 가지지 않았을지라도 하나님을 소유할 수 있다. 당신의 개성을 잃었더라도 당신은 하나님을 소유할 수 있다. 나는 가장 악한 사람도 하나님의 능력으로 구원받는 것을 보았다.

살인 계획자를 구원하다

어느 날 예수의 이름에 대하여 설교를 하고 있었는데 한 남자가 가로등 기둥에 기대어 내 설교를 듣고 있었다. 야외 집회가 끝났는데도 그 사람은 여전히 기둥에 기대어 서 있었다. 그는 기둥에 기대어야만 제대로 서 있을 수 있는 것 같았다. 나는 그에게 다가가서 어디가 아프냐고 물어보았다. 그랬더니 그는 손잡이가 은으로 된 단검을 코트 안에서 꺼내어 나에게 보여 주었다. 부도덕한 아내를 죽이러 가는 길이었는데 예수 이름의 능력에 대한 설교를 듣자 어찌된 일인지 떠날 수가 없었다고 고백했다. 나는 그에게 무릎을 꿇으라고 명령했다. 많은 사람이 오고가는 그 광장에서 그는 곧바로 구원을 얻었다.

그를 집으로 데려와서 새 양복을 입혔다. 나는 그 사람 안에 하나님께서 쓰실 수 있는 어떤 것이 있음을 보았다. 다음 날 아침에 그는 나에게 이렇게 말했다. "하나님께서 내게 예수님을 보여 주셨어요. 나는 예수님께 모든 것이 주어진 것을 보았지요." 나는 그에게 약간의 돈을 빌려 주었고 그는 돈을 모아서 작지만 멋진 집을 샀다. 그의 부도덕한 아내는 다른 남자와 살고 있다가 그가 아내를 위해 준비한 집으로 곧 돌아왔다. 이전에는 미움과 증오로 가득했던 모든 상황이 사랑으로 바뀌었다. 하나님께서는 그 사람을 사역자로 삼으셨다.

언제 어디에서나 예수의 이름 안에는 능력이 있다. 하나님께서는 "온전히 구원하실 수"(히 7:25) 있으시다.

불치병자가 치유되다

스톡홀름(Stockholm)에서 인도한 한 집회가 기억난다. 그곳에 불치병자들의 집이 있었는데 환자 중 한 명이 집회에 나왔다. 그는 중풍에 걸려서 온몸을 흔들어댔다. 삼천 명이 모인 자리에서 일어나 두 사람의 부축을 받으며 그가 앞으로 나왔다. 내가 예수의 이름으로 그에게 기름을 바르자 하나님의 능력이 임했다. 그에게 손을 대는 순간 그는 다리 보조기를 떨어뜨리고 예수의 이름으로 걷기 시작했다. 그 큰 건물 안에 있는 모든 사람이 지켜보는 가운데 계단을 걸어서 오르내리고 돌아다녔다. 우리의 하나님께서는 못하는 일이 없으시다. 당신이 오직 믿기만 하면 그분은 모든 것을 행하실 것이다.

어떤 사람이 불치병자들의 집에 가 보겠느냐고 제안했다. 나는 쉬는 날 그곳을 방문했다. 주님께서는 한 시간 동안에 그들 중 이십 명을 자유롭게 하셨다. 예수 이름의 능력은 매우 놀랍다. 베드로와 요한은 그분의 이름 안에 무엇이 있는지 전혀 알지 못했고, 미문에 앉아 있던, 나면서 못 걷게 된 자 역시 마찬가지였다. 그러나 베드로와 요한은 "나사렛 예수 그리스도의 이름으로 일어나 걸으라"(행 3:6)라고 말하는 믿음을 소유하고 있었다. 베드로가 "오른손을 잡아 일으키니 발과 발목이 곧 힘을"(7절) 얻었고, 그는 그들과 함께 성전으로 들어가면서 걷기도 하고 뛰기도 하며 하나님을 찬미했다. 어떻게 이러한 일이 일어났을까? 그분의 이름 곧, "그 이름을 믿으므로 그 이름이…이 사람을 성하게"(16절) 했다.

◈ 스칸디나비아(Scandinavia)에서의 부흥

필자는 일 년 석 달간 스웨덴과 덴마크에서 열린 스미스 위글스워스의 집회에 참석하는 특권을 누렸다. 그 집회는 하늘이 방문한 시간이었다. 내가 짐작하건대 수백 명의 사람이 예수님을 구주로 영접했고, 수천 명의 사람이 질병에서 치유되었으며, 많고 많은 사람이 오순절 날에 임한 것과 같은 성령세례를 받았다. 이 모든 것에 대하여 예수님께 영광을 돌린다. 여기에 내 눈으로 직접 본 기적 중에 몇 가지를 소개한다.

스웨덴 외레브로(Orebro)의 오순절 집회에서 일어난 일이다. 쉴 틈도 없이 오랫동안 사역하느라 지친 나는 도움을 얻고자 그곳을 방문했다. 다음 날 병 고침을 위한 집회가 열렸다. 설교가 끝난 후에 나는 다른 홀로 들어갔는데 몇 분이 지나지 않아 많은 사람이 모였다. 그 홀은 그분의 종을 통하여 하나님의 만지심을 인내하며 기다리는 수많은 남녀로 금세 가득 찼다. 하나님께 영광을 돌리세! 나는 실망하지 않고 기다렸다. 손이 내 위에 얹어졌을 때 하나님의 능력이 강하게 내 속으로 들어왔다. 나는 즉시 건강해졌다.

사역이 진행될수록 그들 위에 임한 하나님의 능력이 사람들에게 효과적으로 나타났다. 이를 알리는 일은 참으로 멋진 일이다. 어떤 사람들은 손을 들고 울면서 "나는 고침을 받았어요! 나는 고침을 받았어요!"라고 외쳤다. 또 어떤 사람들은 성령의 능력 아래서 강단에 누워 있었다. 누군가는 꿈을 꾸는 것처럼 걸어 다녔고, 또 다른 사람들은 새 술에 취한 것 같았으며 하나님을 제외하고는 모든 것을 잃은 것 같았다. 그러나 모든 사람의 얼굴이 주님의 영광으로 변화되었으며 모두 예수님을 찬미했다. 한 눈먼 소녀는 기도를 받은 후에 이렇게 외쳤다. "오, 이 홀에 얼마나 많은 창문이 있는가!" 석 주간 계속된 집회 기간 동안 매일 수많은 군중이 큰 집회 장소를 가득 채웠고 수많은 사람이 병 고침을 받고 구원을 얻었다. 간증 시간은 놀라웠다. "나는 귀머거리였는데 그들이 기도하자 예수님께서 나를 고치셨어요." "나는 폐병이었는데 이제 나았어요."

스웨덴의 또 다른 도시에서는 성령세례를 구하는 사람들이 작은 홀에 따로 앉아 있었는데, 그들이 눈을 감고 하나님을 향해 마음을 집중하면서 애타게 기다리던 그 광경은 결코 잊지 못할 것이다. 성령이 그들 위에 임하셨는가? 물론 임하셨다. 또한 많은 사람이 치유를 받았다. 다른 장소에 죄로 인해 몸이 망가진 한 청년이 있었다. 그러나 주님께서는 죄인에게 자비로우시다. 그가 안수를 받자마자 기름 부음이 임했고 하나님의 능력이 그 위에 강력하게 들어갔다. 그가 "내가 나았어요"라고 말하며 어린아이와 같이 깨어져 그의 죄를 고백했을 때 주님께서 그를 구원하셨다. 하나님께 영광을 돌리세! 그 청년은 큰 홀로 가서 구원과 병 고침에 대해 간증했다.

스톡홀름에서는 사람들이 집회 장소에 들어가려고 몇 시간 동안 줄을 서서 기다렸다. 홀은 천팔백 명을 수용할 수 있었다. 거의 모든 집회 때마다 군중이 줄을 서서 건물 안으로 들어가려고 애를 썼다. 간혹 누군가가 자리를 비우면 거기에 앉으려고 몇 시간씩이나 기다렸다. 중풍에 걸려 온몸을 떠는, 두 다리에 보조기를 찬 사람이 강단으로 올려졌다(그의 뒤에는 오륙백 명의 사람이 도움을 구하려고 기다리고 있었다). 그 사람은 예수의 이름으로 안수를 받고 성령으로 기름 부음을 받았다. 그는 계속 온몸을 떨다가 한 다리의 보조기를 떨어뜨리더니 얼마 후에 다른 쪽도 떨어뜨렸다. 여전히 몸을 떨고 있었으나 그는 믿음으로 한 발을 내디뎠다. 한 발을 들어 올리고 또 다른 발을 들어 올리며 강단 위를 걸어 다녔다. 지켜보던 사람들이 모두 그와 함께 기뻐했다. 그는 계속 돌아다녔다. 할렐루야!

집회 도중에 한 여자가 소리를 지르기 시작했다. 설교자가 그녀에게 조용히 하라고 말하려던 순간 그녀는 의자 위로 뛰어올라 두 팔을 휘두르면서 "내가 나았어요! 내가 나았어요! 나는 암을 앓고 있었고 구원받지 못했었으나 집회에서 하나님의 말씀을 듣는 중에 주님께서 나를 구원하셨고 나의 입에 있던 암을 고치셨어요" 하며 울었다. 그녀는 다시 이렇게 외쳤다. "나는 구원받았어요! 나는 암에서 치유되었어요." 그녀는 제정신이 아닌 것 같았다. 사람들이 함께 웃고 울었다.

걷지 못하는 여자가 기도를 받으려고 의자에 앉아 있었다. 그녀도 다른 수백 명과 같은 경험을 했다. 그녀는 일어나서 주위를 돌아보았다. 이것이 꿈인지 생시인지 어리둥절한 모습이었다. 그러더니 갑자기 웃으며 "나의 다리가 나았어요"라고 외쳤다. 그 후에 그녀는 자신은 아직 구원받지 못했다고 고백하면서 눈물을 흘렸다. 그들이 그녀를 위해 다시 기도하자 그녀는 완전히 치유받고 구원받아 기쁨이 충만하여 집회 장소를 떠났다. 우리 안에 놀라운 구원자가 거하신다. 그분의 거룩한 이름에 영광을 돌리세!

노르웨이에서 일어난 많은 기적 중에 바렛(Barratt) 목사의 '콜세츠 세르'(Korsets Seir-The Victory of the Cross)라는 글에 실린 두 사례를 인용하고자 한다. 한 남자와 그의 아들이 택시를 타고 집회 장소에 왔다. 둘 다 다리 보조기를 차고 있었다. 아버지는 다리를 바닥에 내려놓지 못하는 상태로 이 년 동안 누워 있었다. 그가 먼저 기도를 받았다. 그는 양쪽 다리 보조기를 다 떨어뜨리고 걸으면서 하나님을 찬미했다. 아들이 그 광경을 보고 "나도 도와주세요"라고 소리쳤다. 얼마 후에 아버지와 아들 둘 다 다리 보조기 없이 택시를 타지 않고 집회 장소를 떠났다. 다시 한 번 말씀이 이루어졌다. 동일한 그 예수, 놀라운 역사의 그 예수님께서는 오늘날에도 역시 동일하시다.

그리고 내가 태어난 코펜하겐(Copenhagen)에서는 삼 주간의 집회 기간 중 매일 수천 명이 집회에 참석했다. 매일 아침 이삼백 명의 사람이 치유 기도를 받았다. 저녁마다 집회 장소가 가득 찼다. 한 사람이 빠져나가면 다른 사람이 앞으로 나와서 구원받기를 구했다. 거기에서 많은 사람이 성령세례를 받았다. 간증 시간은 경이로움의 연속이었다.

나는 이제 그 집회에 참석했던 한 형제가 본 환상에 대해서 말하고 이 글을 마치려고 한다. 그는 치유 기도를 받으려고 기다리는 수많은 병자를 위해 중보 기도에 힘썼다. 그러던 중에 병자들이 있는 바로 그 강단에서 영광으로 들어가는 길이 열리는 것을 보았다. 또한 인간의 형태처럼 생긴 놀라운 존재들이 흥미롭게 이 상황을 관찰하는 것을 보았다. 다시 강단을 보니 흰옷을 입은 하늘에 속한 존재가 이전보다 더욱 활동적으로 병자들을 돕고 있었다. 그 존재가 병자들에게 손을 대었을 때 그 영향력은 매우 놀라웠다. 구부러졌던 형상이 바로 펴졌고 병자들의 눈들이 빛났으며 주님을 찬미하며 영광을 돌리기 시작했다. 이때 한 음성이 들렸다. "병 고침은 은사 중에 가장 작은 것이다. 이는 하나님께서 그분의 자녀들을 위해 저장해 놓은 것과 비교해 보면 단지 물통 안의 한 방울의 물과 같다. 당신은 이보다 더 큰일을 할 수 있다."

_안나 레위니(Anna Lewini), 〈확신〉(Confidence)

Chapter 4

네가 낫고자 하느냐

Ever Increasing
Faith

Chapter 4

네가 낫고자 하느냐

그 후에 유대인의 명절이 되어 예수께서 예루살렘에 올라가시니라 예루살렘에 있는 양문 곁에 히브리 말로 베데스다라 하는 못이 있는데 거기 행각 다섯이 있고 그 안에 많은 병자, 맹인, 다리 저는 사람, 혈기 마른 사람들이 누워 [물의 움직임을 기다리니 이는 천사가 가끔 못에 내려와 물을 움직이게 하는데 움직인 후에 먼저 들어가는 자는 어떤 병에 걸렸든지 낫게 됨이러라] 거기 서른여덟 해 된 병자가 있더라 예수께서 그 누운 것을 보시고 병이 벌써 오래된 줄 아시고 이르시되 네가 낫고자 하느냐 병자가 대답하되 주여 물이 움직일 때에 나를 못에 넣어 주는 사람이 없어 내가 가는 동안에 다른 사람이 먼저 내려가나이다 예수께서 이르시되 일어나 네 자리를 들고 걸어가라 하시니 그 사람이 곧 나아서 자리를 들고 걸어가니라 이 날은 안식일이니 유대인들이 병 나은 사람에게 이르되 안식일인데 네가 자리를 들고 가는 것이 옳지 아니하니라 대답하되 나를 낫게 한 그가 자리를 들고 걸어가라 하더라 하니 그들이 묻되 너에게 자리를 들고 걸어가라 한 사람이 누구냐 하되 고침을 받은 사람은 그가 누구인지 알지 못하니 이는 거기 사람이 많으므로 예수께서 이미 피하셨음이라 그 후에 예수께서 성전에서 그 사람을 만나 이르시되 보라 네가 나았으니 더 심한 것이 생기지 않게 다시는 죄를 범하지 말라 하시니 그 사람이 유대인들에게 가서 자기를 고친 이는 예수라 하니라 그러므로 안식일에 이러한 일을 행하신다 하여 유대인들이 예수를 박해하게 된지라 예수께서 그들에게 이르시되 내 아버지께서 이제까지 일하시니 나도 일한다 하시매 유대인들이 이로 말미암아 더욱 예수를 죽이고자 하니 이는 안식일을 범할 뿐만 아니라 하나님을 자기의 친 아버지라 하여 자기를 하나님과 동등으로 삼으심이러라 그러므로 예수께서 그들에게 이르시되 내가 진실로 진실로 너희에게 이르노니 아들이 아버지께서 하시는 일을 보지 않고는 아무 것도 스스로 할 수 없나니 아버지께서 행하시는 그것을 아들도 그와 같이 행하느니라 아버지께서 아들을 사랑하사 자기가 행하시는 것을 다 아들에게 보이시고 또 그보다 더 큰 일을 보이사 너희로 놀랍게 여기게 하시리라 아버지께서 죽은 자들을 일으켜 살리심 같이 아들도 자기가 원하는 자들을 살리느니라 아버지께서 아무도 심판하지 아니하시고 심판을 다 아들에게 맡기셨으니 이는 모든 사람으로 아버지를 공경하는 것 같이 아들을 공경하게 하려 하심이라 아들을 공경하지 아니하는 자는 그를 보내신 아버지도 공경하지 아니하느니라 내가 진실로 진실로 너희에게 이르노니 내 말을 듣고 또 나 보내신 이를 믿는 자는 영생을 얻었고 심판에 이르지 아니하나니 사망에서 생명으로 옮겼느니라 요 5:1-24

하나님의 말씀은 강력해서 모두의 삶을 완전히 변화시킬 수 있다. 하나님의 말씀에는 실재하지 않는 것을 나타나게 하는 능력이 있다. 말씀에는 그분의 입술에서 나오는 집행 능력이 있다. 시편 기자는 우리에게 "그가 그의 말씀을 보내어 그들을 고치시고"(시 107:20)라고 설명한다. 당신은 오늘날 그 말씀의 능력이 약해졌다고 생각하는가? 나는 그렇지 않다고 생각한다. 과거에 그렇게 한 것처럼 하나님의 말씀은 오늘날에도 그 일들이 일어나게 할 수 있다.

시편 기자는 "고난 당하기 전에는 내가 그릇 행하였더니 이제는 주의 말씀을 지키나이다"(시 119:67)라고 고백했다. 또한 "고난 당한 것이 내게 유익이라 이로 말미암아 내가 주의 율례들을 배우게 되었나이다"(71절)라고 선언했다. 만일 우리가 당한 고난이 "사람이 떡으로만 살 것이 아니요 하나님의 입으로부터 나오는 모든 말씀으로 살 것이라"(마 4:4)라는 것을 깨달을 수 있는 장소로 우리를 인도한다면 그 고난은 축복된 목적으로 사용된 것이다.

나는 당신이 그 말씀을 통하여 깨끗하고 청결해진 생명이 있다는 것을 알기 원한다. 많은 사람이 믿음으로 말미암아 병에서 치유된 몸과 또한 사탄의 결박에서 해방된 영의 몸으로 하나님께 영광을 돌린다.

베데스다 못가에서 많은 병자(맹인, 다리 저는 사람, 혈기 마른 사람들)가 물이 동하기를 기다렸다. 예수님께서 그들을 모두 치료하셨는가? 아니다. 그분은 많은 사람을 고치시지 않은 채 떠나셨다. 그들은 그들의 눈을 예수님께 두지 않고 베데스다 못으로 돌렸다. 오늘날에도 많은 사람이 자신들이 볼 수 있는 것에만 신뢰를 둔다. 만일 그들이 자연적인 것 대신에 오직 하나님께만 눈을 맞추었다면 얼마나 빨리 치유를 받았을까?

치유의 떡

구원과 치유는 모두를 위한 것인가? 아니다. 자신들의 몫을 바르게 믿고 요구하는 자들을 위한 것이다. 당신은 헬라인이요 수로보니게(Syro-Phoenician) 족속인 여자가 그의 딸에게서 귀신을 쫓아내 주기를 원했던 이야기를 기억할 것이다. 예수님께서는 그 여자에게 이렇게 말씀하셨다. "자녀로 먼저 배불리 먹게 할지니 자녀의 떡을 취하여 개들에게 던짐이 마땅치 아니하니라"(막 7:27). 여기에서 치유와 자유가 "자녀의 떡"으로 묘사된 것에 주목하라. 그러므로 당신이 하나님의 자녀라면 마땅히 당신의 몫을 요구할 수 있는 것이다.

수로보니게 여자는 주님께 그녀가 추구하는 것을 얻으려는 목적으로 "주여 옳소이다마는 상 아래 개들도 아이들이 먹던 부스러기를 먹나이다"(28절)라고 대답했다.

예수님께서는 이 여자의 믿음을 보시고 마음이 동하여 "이 말을 하였으니 돌아가라 귀신이 네 딸에게서 나갔느니라"(29절)라고 하시며 치유를 베푸셨다.

오늘날 하나님의 많은 자녀가 그리스도 안에 있는 피로 값 주시고 사신 건강의 몫을 거부하고 그것을 내던져 버린다. 그러는 동안에 죄인들이 밀고 들어와 그것을 상 아래에서 주워 그들의 몸뿐 아니라 영과 혼까지도 치료를 받고 있다.

수로보니게 여자는 집으로 돌아가 그녀의 딸에게서 정말로 귀신이 나간 것을 발견했다. 오늘날에도 떡(생명과 건강)은 그분의 능력 있는 말씀을 통하여 하나님의 모든 자녀에게 골고루 나누어진다.

그 말씀은 당신의 몸에 있는 모든 질병을 몰아낸다. 치유는 그분 자신이 우리의 떡이요, 생명이며, 건강이신, 그리고 모든 것 중의 모든 것이 되시는 그리스도 안에 있는 당신의 몫이다. 당신이 죄에 깊이 빠져 있을지라도 회개하며 그분께 나아갈 수 있다. 그분이 당신을 용서하시고 깨끗하게 하시며 치료하실 것이다.

그분의 말씀들은 그분을 영접하는 자들에게 영과 생명이 되신다(요 6:63 참조). 요엘서 마지막 구절에 "내가 전에는 그들의 피흘림 당한 것을 갚아 주지 아니하였거니와 이제는 갚아 주리니"(욜 3:21)라는 약속이 나온다. 이것은 그분이 그분 안에 있는 새 생명을 공급해 주신다는 대단한 약속이다. 하나님의 아들이신 예수 그리스도의 생명은 영과 혼과 몸이 완전히 변화되도록 사람들의 마음을 아주 정결하게 만드신다.

병자들이 베데스다 못가에 모여 있었을 때 그중 한 사람은 그곳에 오랫동안 머무르는 중이었다. 그는 삼십팔 년이나 병을 앓고 있었다.

천사가 물을 동하게 할 때 치유될 기회가 있었지만 항상 다른 사람이 못에 먼저 들어가 나음을 받게 됨을 보고 그는 상처를 받았다.

그런데 하루는 예수님께서 그 길을 지나가시다가 그가 불쌍한 모습으로 그곳에 누워 있는 것을 보시고 "네가 낫고자 하느냐?"라고 물으셨다. 예수님께서 하신 이 말씀은 영원부터 영원까지 이어진다. 이것이 오늘 당신이 시도하고 시험할 그 말씀이다. 당신은 이 불쌍한 병자처럼 "나는 모든 기회를 잃었어요"라고 말할 수도 있을 것이다. 그러나 이 말씀을 기억하라.

"네가 낫고자 하느냐?"

이것이 주님의 뜻인가요?

수년 동안 고통을 당하던 한 여자를 방문한 적이 있다. 그녀는 관절염으로 온몸이 뒤틀린 채 이 년간 침대에 누워 있는 상태였다. 내가 "무엇이 당신을 이곳에 누워 있게 하나요?"라고 물었더니 그녀는 이렇게 대답했다. "내 속에 육체의 가시가 있다고 결론 지었어요."

"얼마나 놀라운 의로움의 단계에 있기에 당신이 육체의 가시를 마땅히 가지고 있어야 한다고 생각하나요? 당신이 여러 계시를 받은 것이 지극히 커서 하나님께서 너무 자만하지 않게 하시려고(고후 12:7-9 참조) 이렇게 하신다는 말인가요?"

"이 고난을 받게 하시는 이가 주님이신 것을 믿어요."

"당신은 고난받는 것이 주님의 뜻이라고 믿지만 가능한 한 빨리 고난에서 벗어나려고 노력하고 있지요. 당신의 주위에 온통 약병들이 있군요. 숨은 곳에서 나와 당신이 죄인이라는 것을 고백하세요. 당신이 스스로의 의에서 벗어난다면 하나님께서 당신을 위해 어떤 일을 행하실 겁니다. 당신이 매우 거룩해서 하나님께서 당신을 괴롭히신다는 생각을 버리세요. 죄가 당신의 병의 원인이지 의로움 때문이 아니랍니다. 질병은 의로 인한 것이 아니라 죄로 인한 것입니다."

그리스도의 보혈은 병 고침과 모든 억눌림에서 우리를 자유롭게 한다. 하나님께서는 결코 그분의 자녀들이 고통 중에 살도록 계획하지 않으셨다. 그 고통은 마귀로부터 왔다. 완전한 보상이 갈보리에서 이루어졌다. 예수님께서 나의 죄를 짊어지셨기에 나는 모든 것에서 해방되었다. 내가 믿기만 하면 모든 것에서 의로워진다(행 13:39 참조). 예수님께서 "우리의 연약한 것을 친히 담당하시고 병을 짊어지셨도다"(마 8:17). 그러므로 오직 믿기만 하면 나을 수 있다.

베데스다 못가에 있던 무력한 사람을 보라. 예수님께서 그에게 "네가 낫고자 하느냐?"라고 물으셨다. 그러나 그 상황을 자세히 살펴보라. 그 사람의 한쪽 눈은 못을 향했고 다른 한쪽 눈은 예수님을 향했다. 오늘날 많은 사람이 이처럼 엇갈린 시선을 가지고 있다. 한 눈은 의사를, 한 눈은 예수님을 쳐다본다. 당신이 오직 그리스도만 쳐다보고 당신의 두 눈을 모두 그분에게 두면 당신의 영, 혼, 육이 온전하게 될 것이다. 이는 살아 계신 하나님의 약속이다. "믿는 자마다 의롭다(자유나 무죄함) 하심을 얻는 이것이라"(행 13:39). "아들이 너희를 자유롭게 하면 너희가 참으로 자유로우리라"(요 8:36).

당신은 "오, 오직 내가 믿기만 하면!"이라고 말하라. 예수님께서 아실 것이다. 그분은 그 무력한 사람이 오랫동안 그러한 형편에 처했던 것을 아셨다. 그분은 동정심이 많으신 분이시다. 그분은 신장의 문제를 아신다. 티눈에 대해서 아신다. 신경통에 대해서도 아신다. 그분이 알지 못하신 것은 아무것도 없다.

그분은 단지 자신이 당신에게 자비로우시고 은혜로우신 것을 보이기 원하시며, 당신이 그분을 믿도록 격려하기를 원하신다. 당신이 오직 믿기만 하면 당신은 지금 바로 구원과 치유를 받을 수 있다. 예수님께서 당신의 허물로 인해 찔리셨고, 당신의 죄악으로 인해 상하셨다. 그분이 징계를 받음으로써 우리가 평화를 누리고, 채찍에 맞음으로써 우리가 나음을 받았다(사 53:5 참조). 당신이 이제까지 고난을 당하고 실패한 이유는 그분을 믿지 못했기 때문이다. 지금 당장 "내가 믿나이다 나의 믿음 없는 것을 도와주소서"(막 9:24)라고 부르짖으라.

하루는 캘리포니아(California)의 롱비치(Long Beach)에 있는 호텔 앞을 친구와 지나가고 있었다. 친구가 그곳에 머무는 한 의사에 대해 이야기를 해 주었다. 그는 다리의 통증으로 육 년간 고통을 당하고 있다고 했다. 그의 방으로 올라갔더니 네 명의 의사가 함께 있었다. 나는 나중에 다시 오겠다고 말했다.

이후에 그 호텔을 지나가는데 성령이 "가서 그를 만나 보라"라고 말씀하셨다. 가련한 의사! 그는 확실히 힘든 상태에 놓여 있었다.

그는 나를 보더니 이렇게 말했다. "이런 상태로 육 년이나 보냈는데 아무도 나에게 도움을 줄 수 없었어요."

나는 "당신에게는 전능하신 하나님이 필요해요"라고 말했다.

사람들은 그들의 삶을 일시적으로 수습하려고 하지만 하나님 없이는 아무것도 할 수 없다. 나는 그에게 주님에 대해 이야기를 한 후에 그를 위해 기도했다.

또한 "예수의 이름으로 그에게서 나오라"라고 소리쳤다.

그 의사는 "모두 떠났어요"라고 외쳤다.

오, 우리가 오직 예수님만 안다면! 단 한 번의 강력한 능력의 만지심이 모든 것의 필요를 충족시킨다. 문제는 사람들로 하여금 그분을 믿도록 하는 것이다. 이 구원의 단순함은 정말 놀랍다.

육 주 정도 지난 후에 다시 롱비치에 들렀을 때 병자들이 기도를 받으러 왔다. 그중에 그 의사도 있었다. 나는 그에게 무엇이 문제인지 물어보았다.

"당뇨병이요. 그러나 오늘 밤 치유를 받을 것입니다. 나는 낫게 될 것을 알아요."

주님께서는 당신의 요구를 들어주지 못할 그 어떤 불가능도 없다. '만일'이나 '혹시'라는 것이 없다. 그분은 "모두 들어주겠다"라고 약속하셨다. "믿는 자에게는 능히 하지 못할 일이 없느니라"(막 9:23). 오, 예수의 이름! 그 이름에 모든 사람의 필요를 충족시키는 능력이 있다.

집회 중에 한 노인이 아들을 강단 위로 올리려고 애를 쓰는 모습을 보았다. 그는 아들이 매일 여러 번 발작을 일으킨다고 말했다. 그리고 그곳에 암에 걸린 여자도 있었다. 오, 죄가 행한 것을 보라!

하나님께서 그분의 백성을 애굽에서 불러냈을 때, "그의 지파 중에 비틀거리는(약한) 자가 하나도 없었도다"(시 105:37)라고 기록된 말씀을 기억하는가? 질병이 없었다! 모든 사람이 하나님의 능력으로 치유를 받았다. 나는 하나님께서 오늘날에도 우리가 그와 같은 백성이 되기를 원하신다고 믿는다.

내가 암에 걸린 여자를 위해 기도하자 그 여자는 "나는 자유로워졌어요. 하나님께서 나를 해방시켜 주신 것을 알아요"라고 외쳤다. 사람들이 발작하는 소년을 데리고 왔다. 나는 예수의 이름으로 귀신들이 떠나가도록 명령했다. 또한 의사를 위해서도 기도했다.

다음 날 저녁 집회 때 사람들이 넘치도록 모였다. 나는 "의사 선생님, 지금 당뇨병은 어떤가요?" 하고 소리쳐 물었다.

"그것이 떠났어요." 그가 대답했다.

나는 또 노인에게 "당신의 아들은요?"라고 물었다.

"그 이후로 전혀 발작하지 않아요."

우리는 기도에 응답하시는 하나님을 소유하고 있다.

죄와 질병

예수님께서는 못가의 이 사람을 영원한 간증거리로 만들려고 계획하셨다. 그가 양쪽 눈을 예수님께 두었을 때 그분은 그에게 불가능한 일을 하라고 말씀하셨다. "일어나 네 자리를 들고 걸어가라"(요 5:8). 예수님께서는 손 마른 사람에게도 불가능한 일을 행하라고 하셨는데(그의 손을 내밀라고 하셨다) 그가 손을 내밀자 완전하게 나았다(마 12:10-13 참조).

이와 같은 방법으로 이 무력한 사람 역시 일어나자 그의 안에서 하나님의 능력이 움직이는 것을 발견했다. 그가 자리를 들고 걸어가기 시작했다. 그날은 안식일이었는데 안식일에 자리를 들고 가는 것이 옳지 않다고 생각한 사람들은 그 일로 야단스럽게 떠들어댔다. 하나님의 능력이 나타나는 곳에는 항상 위선자들의 반대가 일어난다. 예수님께서는 그 사람이 당할 모든 일을 아시고 미리 그에게 주의를 주셨다. "보라 네가 나았으니 더 심한 것이 생기지 않게 다시는 죄를 범하지 말라"(요 5:14).

죄와 질병 사이에는 밀접한 관계가 있다. 많은 사람이 질병이 죄의 직접적인 결과라는 것을 알지 못한다. 나는 사람들이 죄 가운데 지내면서 기도를 받으러 오지 않기를 바란다. 그러나 당신이 하나님께 순종하여 당신의 죄를 고백하고 죄를 중단하면 하나님께서 당신을 만나 주실 것이요, 당신의 질병이나 죄가 하나도 남아 있지 않을 것이다. "믿음의 기도는 병든 자를 구원하리니 주께서 그를 일으키시리라 혹시 죄를 범하였을지라도 사하심을 받으리라"(약 5:15).

믿음은 주님께서 들어오시는 열린 문과 같다. "믿음으로 구원을 받았다"라고 말하거나 "믿음으로 치유를 받았다"라고 말하지 말라. 믿음이 당신을 구원하거나 병을 고치는 것이 아니다. 하나님께서 그 열린 문을 통하여 오셔서 구원하시고 고치신다. 당신이 믿으면 그리스도의 능력이 임한다. 구원과 치유는 하나님의 영광을 위한 것이다. 내가 지금 여기에 있는 것은 내가 죽어 갈 때 하나님께서 나를 고쳐 주신 덕분이다. 내가 이 완전한 구원을 전 세계에 전하는 이유는 나를 치료하신 놀라우신 예수의 이름에 영광을 돌리기 위함이다.

"보라 네가 나았으니 더 심한 것이 생기지 않게 다시는 죄를 범하지 말라"(요 5:14). 주님께서는 마태복음에서 한 사람에게서 귀신이 나간 것에 대해서 말씀하셨다. 귀신이 떠나간 그 집이 청소되고 수리되었으나 그 집은 비어서 아무도 살지 않았다. 이에 귀신이 가서 저보다 더 악한 귀신 일곱을 데리고 그 집으로 돌아오니, "그 사람의 나중 형편이 전보다 더 심하게"(마 12:45) 되었다.

주님께서 당신을 야구장이나 육상 경기장에 가게 하려고 병을 고쳐 주신 것이 아니다. 그분이 당신을 고치신 것은 그분의 영광을 위함이다. 치유받은 그 순간부터 당신은 온 생애를 통해 그분을 영화롭게 해 드려야 한다. 그러나 귀신이 떠난 그 사람은 정지한 채로 남아 있었다. 그는 하나님을 영화롭게 해 드리지 않았다. 또한 성령으로 충만하기를 구하지 않았다. 그래서 그의 나중 형편이 "전보다 심하게 되었다."

주님께서는 우리가 오직 그분의 영광을 구하도록 마음의 동기와 소원을 깨끗하게 하기를 원하신다. 하루는 내가 어떤 장소에 갔는데 주님께서 "이 일은 나의 영광을 위한 것이다"라고 말씀하셨다. 그곳에는 오랫동안 병을 앓고 있는 한 청년이 있었다. 그는 완전히 무력한 상태로 침대에 누워 있었다. 그는 식사를 떠먹여 주어야 했고 혼자서는 옷을 입을 수도 없었다. 그날은 날씨가 눅눅했다. 나는 집에 있는 사람들에게 이 청년의 옷들을 널어 말리라고 말했다. 그들은 처음에는 나의 말에 귀 기울이지 않았으나 내가 끈질기게 요구하자 결국 그의 옷을 밖에 널었다. 나는 마른 옷을 들고 다시 그의 방으로 갔다.

주님께서 "너는 이제 아무것도 할 일이 없다"라고 말씀하셨기에 나는 그저 바닥에 엎드렸다. 주님께서 그분의 영광으로 그 장소를 흔드셨다. 그가 누워 있던 침대가 흔들렸다. 내가 예수의 이름으로 청년 위에 손을 얹었다. 그분의 능력이 임하자 나는 얼굴이 땅에 닿도록 엎드렸다.

십오 분 정도 지나서 그 청년이 일어났다. 그는 왔다 갔다 걸으며 하나님을 찬미했다. 스스로 옷을 입고 그의 부모가 있는 방으로 들어가서 외쳤다. "하나님께서 나를 고치셨어요." 그의 부모는 하나님의 능력이 방으로 파도처럼 밀려오자 바닥에 넘어졌다.

그 집에 정신이 이상해서 정신병원에 입원했던 한 여자가 있었는데, 상태가 아주 심해서 다시 병원에 가야 하는 형편이었다. 그러나 하나님의 능력이 그 여자도 치유했다.

하나님의 능력은 과거와 마찬가지로 오늘날에도 동일하게 역사한다. 사람들은 "주님께서 가라사대"라는 하나님의 말씀을 믿는 믿음, 그 예전의 믿음으로 돌아가야 한다. 하나님의 성령은 오늘날에도 역사하신다. 하나님께서 다가오신다. 만일 당신이 성령이 임하시는 곳에 있기를 원한다면 하나님께서 하신 모든 말씀을 마땅히 받아들여야 한다.

"네가 낫고자 하느냐?"(요 5:6) 예수님께서 이렇게 물으신다. 그분에게 당신의 목소리로 대답하라. 그분이 들으시고 응답하실 것이다.

호주에서의 축복

호주 멜버른에 사는 위니 앤드류스 자매의 편지

한 여자의 고백을 들어 보라. "나는 내 몸의 모든 부분이 곪아 가는 질병에 걸려 죽어 가던 가련한 여자입니다. 내가 지난주 집회에 참석했을 때 내 몸은 온통 고름으로 가득 찼었습니다. 그러나 주 예수 그리스도께서 오셔서 나를 만지사 자유롭게 하셨습니다. 그날 이후로 나는 팔 년 만에 처음으로 잠을 편안히 잘 수 있었고, 음식도 충분히 먹었습니다."

그 지역의 감리교 교역자 협의회의 회장은 신경성 질환에서 치유받았다고 간증했다.

특출한 사업가인 솔글루쉬(Solglush) 씨는 두 살 때부터 아팠던 발의 고통이 치유되었다고 간증했다(그는 지금 쉰두 살이다). "예수의 이름으로 기도를 받은 이후로 모든 고통이 사라졌습니다. 그동안 아무도 내가 발을 구르는 것을 보지 못했습니다. 나는 이제 지팡이가 필요 없습니다."

한 여자는 이렇게 고백했다. "내가 의자에 앉아 말씀을 듣고 있는 동안 하나님께서 간염과 담석증과 좌골 신경통을 고치셨습니다. 그분은 발이 아프던 나의 딸도 만져 주셨습니다. 내 딸은 두 번이나 수술을 받았지만 불구로 살아갈 수밖에 없다는 선고를 받았습니다. 그러나 주님께서 직접 수술해 주셨습니다. 모든 아픔이 사라졌습니다. 주님을 찬양합니다!"

성공회 교회의 낭독자인 레윌린(Lewellyn) 씨는 그 자리에서 바로 굳은 무릎이 펴졌다고 간증했다.

바렛(Barrett) 씨는 박스 힐(Box Hill)에 사는 위트(Witt) 양이 이십이 년 동안 휠체어에 앉아 있었는데 위글스워스가 예수의 이름으로 그녀에게 기도한 후에 일어나 걸었다고 전했다.

다른 사람은 그 전날 사 년간 앓았던 류머티즘에서 치유되었기에 그가 쓰던 목발과 지팡이를 버렸다고 간증했다.

존스톤(Johnstone) 씨는 이십 년간 귀머거리였고, 그의 아내는 육 년간 휠체어에 앉아 있었지만 둘 다 즉시 고침을 받았다. 그녀의 빈 휠체어는 철도역으로 굴러갔다. 그녀는 하나님께서 자신에게 행하신 위대하신 역사를 지나가는 사람들에게 간증했다.

많은 사람이 손수건을 얹었더니 고침을 받았다.

_〈오순절 복음〉(The Pentecostal Evangel)

Ever Increasing
Faith

Chapter 5

나는 너를 치료하는
하나님이다

Ever Increasing
Faith

Chapter 5

나는 너를 치료하는 하나님이다

너희 중에 병든 자가 있느냐 그는 교회의 장로들을 청할 것이요 그들은 주의 이름으로 기름을 바르며 그를 위하여 기도할지니라 믿음의 기도는 병든 자를 구원하리니 주께서 그를 일으키시리라 혹시 죄를 범하였을지라도 사하심을 받으리라 약 5:14-15

이 말씀은 병 고침의 진리에 대한 확실한 지침이다. 하나님께서는 이 구절에서 병자들에게 매우 확실한 지침을 주셨다. 병에 걸렸다면 교회의 장로들을 초청하라. 당신을 위하여 믿음으로 기름을 바르고 기도하는 일은 그들의 몫이다. 그 후의 모든 상황은 주님께 달려 있다. 기름을 바르고 기도를 드렸다면 주님께서 당신을 일으키실 것을 확신하고 쉼을 누리라. 이는 하나님의 말씀이다.

교회는 이 사역을 놀리거나 조롱하지 말아야 한다. 만일 믿는 자들이 이러한 확실한 지침들을 멀리한다면 그들은 매우 힘든 자리로 들어가게 될 것이다. 복종을 거부하는 자들은 말로 할 수 없는 손실을 입을 것이다.

이와 관련하여 야고보는 이렇게 언급했다.

> 내 형제들아 너희 중에 미혹되어 진리를 떠난 자를 누가 돌아서게 하면 너희가 알 것은 죄인을 미혹된 길에서 돌아서게 하는 자가 그의 영혼을 사망에서 구원할 것이며 허다한 죄를 덮을 것임이라 약 5:19-20

많은 사람이 아사 왕처럼 하나님을 떠났다. "그의 발이 병들어 매우 위독했으나…여호와께 구하지 아니하고 의원들에게 구하였더라"(대하 16:12). 그는 결국 죽고 말았다(13절).

야고보서의 위 구절은 누구든지 다른 사람을 권유하여 주님께로 돌아서게 하면 그는 그 사람을 죽음에서 구원하는 일을 한 것이며, 하나님께서는 그 사람의 허다한 죄를 용서하실 것이라고 밝힌다. 이 구절은 또한 구원에 대해서도 광대하게 적용할 수 있다. 당신이 하나님의 진리에서 한 부분이라도 멀어져 있다면 대적은 확실히 그 기회를 이용할 것이다.

치유를 받으려고 주님을 바라보는 사람들과 야고보서에 기록된 지침들을 순종하는 자들을 주님께서 만나 주시겠는가? 당연히 만나 주신다. 내가 이제 하려는 이야기는 주님께서 아주 극단적인 상황을 통하여 이를 증명하셨음을 보여 준다.

죽어 가는 사람이 치유되다

어느 날 건축가인 친구의 사무실을 방문했다. 그의 사무실에서 손에 전보를 들고 내려가는 한 청년을 보았다. 그 전보에는 매우 급박한 요청이 담겨 있었는데 우리가 죽어 가는 어떤 사람을 위해 즉시 가서 기도해야 한다는 내용이었다. 우리는 재빨리 차를 타고 가서 약 한 시간 반 후에 그 사람이 사는 교외의 큰 집에 도착했다. 그 집에는 두 개의 계단이 있어서 의사들이 한쪽 계단을 이용했고 나와 친구는 다른 계단을 이용했다. 그래서 의사들과는 만날 기회가 없었다.

환자의 상태를 살펴보았더니 뼈가 부러졌고 창자에 두 군데 구멍이 나 있었다. 또 창자에 종양이 생겼고 그곳에 독한 피가 고여 있었다. 그 남자의 얼굴은 거의 초록색이었다. 그곳에 머물던 두 의사는 환자의 상태가 그들의 능력 밖이라고 판단했기에 런던

(London)의 뛰어난 전문의에게 전보를 쳤다고 했다. 그들은 기차역에서 전문의의 도착을 기다리는 중이었다.

그 남자는 죽음 직전에 있었으며 말을 하지 못했다. 나는 그의 아내에게 원한다면 환자에게 기름을 붓고 기도하겠다고 말했다. 그의 아내는 "바로 그것이 내가 당신을 초청한 이유예요"라고 대답했다. 나는 예수 그리스도의 이름으로 그에게 기름을 붓고 그를 일으켰다. 그러나 아무런 변화도 없었다.

(하나님께서는 종종 그분이 하시는 일을 숨기신다. 우리는 매일매일 하나님께서 놀라운 일들을 행하시는 것을 보았고, 집회 시간에 보거나 듣지 못했던 그 후의 치유 상황에 대해 보고를 받았다. 어젯밤에는 심하게 고통스러워하는 한 여자가 집회에 참석했다. 팔 전체에 독이 퍼졌고 피에도 독이 가득해서 그녀가 죽는다는 것은 기정사실이었다. 집회에서 우리는 그 병마를 꾸짖었다. 그녀는 오늘 아침에 와서 밤새 고통이 사라지고 두 달 만에 처음으로 깊은 잠을 밤새도록 잤다고 고백했다. 하나님께 모든 영광을 돌리세! 당신은 그분이 처음부터 이러한 일들을 행하셨다는 것을 알 것이다).

우리는 이 남자에게 기름을 붓고 기도한 후 뒤쪽 계단으로 내려왔고, 세 의사가 앞쪽 계단으로 올라갔다. 나는 함께 온 친구에게 손을 잡자고 말했다. "나의 얼굴을 쳐다보고 함께 마태복음 18장 19절에 따라 이 사람이 죽음에서 구출될 것을 인정합시다." 우리는 모든 것을 하나님 앞에 내려놓고 "아버지, 우리가 믿습니다"라고 고백했다.

그러자 투쟁이 시작되었다. 그의 아내가 내려와서 의사들이 모든 기구를 꺼내 놓고 수술을 하려는 중이라고 전했다. 나는 소리를 질렀다. "뭐라고요? 그는 당신의 남편입니다. 만일 그들이 수술하면 그는 죽게 될 겁니다. 돌아가서 당신이 허락하지 않는다고 말하세요."

그녀는 의사들에게 가서 십 분만 여유를 달라고 요청했다.

"그렇게 할 수 없어요. 수술은 죽어 가는 당신의 남편을 위한 마지막 기회입니다."

"십 분만 기다리세요. 절대로 그의 몸에 손대지 마세요."

의사들이 아래층으로 내려왔고 우리는 다른 계단으로 올라갔다. 나는 그녀에게 이렇게 말했다. "이 사람은 당신의 남편입니다. 그는 지금 자신을 위해 말을 할 수 없습니다. 지금이야말로 당신이 하나님을 전적으로 신뢰하고 그분이 완전한 진리이심을 믿는다는 것을 증명해야 할 순간입니다. 당신은 반드시 이 위기의 순간에 하나님과 연합해야 합니다."

그 후에 우리는 내려왔고 의사들이 올라갔다. 그의 아내는 의사들에게 단호히 자신의 뜻을 밝혔다. "당신들은 이 사람의 몸을 건드리지 못할 거예요. 그는 나의 남편입니다. 만일 당신들이 수술을 한다면 그는 죽을 수밖에 없습니다. 그러나 손대지 않으면 살 것입니다."

그때 갑자기 침대에 누워 있던 남자가 "하나님께서 행하셨다"

라고 말했다. 의사들이 이불을 걷어 내고 그를 진찰했다. 종양이 깨끗하게 없어진 것을 확인할 수 있었다. 간호사가 종양이 있던 자리를 소독했다.

하지만 의사들은 그 창자에 여전히 구멍이 나 있다고 했다. "당신에게 위대한 믿음이 있어서 우리는 기적을 볼 수 있었지요. 하지만 당신은 반드시 우리가 이 구멍 난 부분을 봉합하고 은으로 된 튜브를 넣을 수 있도록 허락해야 합니다. 그러면 남편이 바로 낫게 되고 그 일이 당신의 믿음을 전혀 간섭하지 않을 겁니다."

그녀는 이렇게 대답했다. "하나님께서 첫 번째 일을 행하셨습니다. 그분이 남은 일도 행하실 것입니다. 아무도 그에게 손댈 수 없어요."

하나님께서 그를 완벽하게 치료하셨다. 그 사람은 지금도 건강하게 지내고 있다.

당신은 어떤 능력에 의해서 이 일이 일어났는지 묻고 싶은가? 베드로의 글을 인용해서 대답하겠다. "그 이름을 믿으므로 그 이름이…완전히 낫게 하였느니라"(행 3:16). 주님의 이름으로 기름부음이 이루어졌다. "주께서 그를 일으키시리라"(약 5:15)라는 약속이 성경에 기록되어 있다. 하나님께서는 이중으로 치유를 베푸신다. 비록 죄가 병의 원인이었더라도 그분의 말씀은 "혹시 죄를 범하였을지라도 사하심을 받으리라"(15절)라고 선포한다.

믿음은 우리의 생명이다

여기서 당신은 "믿음이란 무엇인가?"라고 물을 수 있다. 믿음은 하나님의 말씀의 원칙이다. 말씀에 영감을 준 성령을 진리의 성령이라고 부른다. 우리가 "마음에 심어진 말씀을 온유함으로" (약 1:21) 받을 때 믿음이 우리의 마음 안에서 발생한다. 갈보리의 희생을 믿는 믿음, 예수님께서 흘리신 보혈을 믿는 믿음, 그리고 우리의 약함과 질병, 고통을 예수님께서 담당하셨다는 그 사실을 믿는 믿음, 이 세 믿음이 오늘날 우리의 생명이다.

하나님께서는 우리가 서로 돕도록 창조하셨다. 우리는 독립적으로 살 수 없다. 그분이 우리를 서로 복종하는 자리로 인도하신다. 만일 우리가 이 인도를 거부한다면 우리는 하나님의 말씀과 믿음의 자리에서 멀어지고 만다. 나는 한때 믿음의 자리에서 멀어진 적이 있었지만 다시는 그러한 일이 없으리라고 확신한다. 언젠가 한 집회에 참석했을 때의 일이다. 나는 매우 아픈 상태로 집회에 갔는데 점점 더 심해졌다. 겸손한 마음으로 장로들에게 기도해 달라고 요청하는 것이 나를 위한 하나님의 완전한 뜻이라는 것을 알았지만 나는 그 뜻을 거부했다. 집회가 끝난 후에 기름부음과 기도의 응답 없이 집으로 돌아왔다. 그런데 가족 모두 나와 같은 병에 걸려 있었다.

나의 아들들은 내 불순종에 대해 아무것도 몰랐다. 그들은 주님을 가정 주치의로 믿었다. 막내아들 조지(George)가 이층 다락방에서 "아빠, 와 주세요"라고 소리쳤다.

"지금은 갈 수 없단다. 이 모든 것이 나로 인한 거야. 회개하고 주님께 나를 용서해 달라고 구할 거야." 나는 전 교회 앞에서 나 자신을 겸손하게 하겠다고 결심했다.

그런 후에 다락방으로 달려가서 예수의 이름으로 내 아들 위에 손을 얹었다. 머리 위에 손을 얹자 통증이 아래로 내려갔다. 조지는 손을 아래로 내리라고 외쳤다. 그 통증이 아들의 발로 내려갔다. 발에 손을 얹자 조지는 완전히 치유되었다. 다시 약간의 악한 능력이 그를 붙잡기에 아들의 몸의 다른 부분에 손을 얹었다. 마침내 그것이 떠났다(우리는 병든 자에게 기름 붓는 것과 귀신을 쫓아내는 것과의 차이점을 구별할 줄 알아야 한다). 자신을 그분 앞에 겸손하게 내려놓고 상한 영의 장소로 나아갈 때 하나님께서는 항상 은혜롭게 우리를 만나 주신다.

하루는 내가 병든 여자를 위해 사역하고 있었는데 그 여자가 이렇게 말했다. "나는 매우 심한 병에 걸렸어요. 한 시간 정도 괜찮았다가 또 다른 공격이 찾아온답니다." 나는 그녀를 공격하는 것이 귀신임을 알 수 있었다. 그때 내가 배운 방법은 이전에는 알지 못했던 방법이었다. 주님의 이름으로 그녀의 몸에 손을 얹자 그 악한 능력이 내 손보다 먼저 움직였다. 내가 아래로 아래로 더 내려가자 악한 능력이 그녀의 몸에서 즉시 빠져나갔고, 다시는 돌아오지 않았다.

중풍병자를 위한 기도

내가 프랑스의 르아브르(Le Havre)에 머물 때 하나님의 능력이 강력하게 나타났다. 펠릭스(Felix)라는 그리스 사람이 집회에 참석했는데 하나님을 향한 열정이 대단했다. 그는 하나님께서 은혜롭게 프랑스를 찾아오시는 것을 보기 위해 가톨릭 신자들을 집회에 데려오려고 무척 애를 썼다. 그러다가 특정한 자세로 고정된 채 누워 있는 병든 여자를 알게 되었다. 그는 그녀에게 집회에서 주님께서 행하셨던 치유에 대해 이야기하면서 그녀가 원한다면 강사인 나를 그녀의 집으로 데리고 오겠다고 제안했다. 그러나 그녀는 남편이 그 제안을 받아들일지 걱정스러워했다. "내 남편은 가톨릭 신자입니다. 그는 가톨릭 신자가 아닌 다른 사람이 나를 보러 오는 것을 좋아하지 않아요."

그녀는 남편에게 펠릭스가 한 말을 전하면서 나를 집으로 초대하라고 요청했다. 그러나 그는 절대로 개신교인을 집으로 들일 수 없다고 말했다.

"당신은 의사들이나 신부들이 나를 돕지 못한다는 것을 알고 있잖아요. 이 하나님의 사람이 나를 위해 기도하도록 허락해 주세요." 그녀의 말에 남편도 결국 나의 방문에 동의했다. 이 여자의 순수함과 어린아이와 같은 믿음은 훌륭했다.

나는 그녀에게 기름병을 보여 주었다. "여기에 기름이 있어요. 이것은 성령의 상징입니다. 이것을 당신에게 부으면 성령이 역사하셔서 당신을 일으키실 겁니다." 하나님께서는 그녀에게 기름을 바르는 순간 어떤 일을 행하셨다. 나는 창문에 서 계신 예수님을 보았다(나는 그분을 종종 보았다. 이 세상에 그분의 모습과 똑같은 그림은 없다. 어떤 예술가도 나의 사랑스러운 주님의 아름다움을 결코 그릴 수 없다).

그녀의 몸에 하나님의 능력이 부어지자 그녀는 이를 느꼈다. "나는 나았어요. 내 손이 나았어요. 내 어깨가 치유되었어요. 오, 예수님이 보여요. 나는 나았어요. 치유받았어요."

곧 환상이 사라졌고 그녀가 침대에 앉았다. 그녀의 다리는 아직 굳어 있는 상태였다. 나는 다시 말했다. "내가 손을 당신의 다리에 얹을 겁니다. 이제 당신은 완전히 자유롭게 될 것입니다." 내 손을 침대보가 덮인 그녀의 다리에 얹었을 때 다시 주님이 보였다.

그녀도 역시 주님을 보았다. "그분이 다시 여기에 오셨어요. 나는 나았어요! 나는 고침을 받았어요!" 그녀는 침대에서 일어나 하나님을 찬미하면서 방을 돌아다녔다. 우리는 모두 그분의 놀라운 역사를 보며 울었다.

야고보서 5장 15절 말씀처럼 상황이 준비되면 "주께서 그를 일으키시리라"라는 약속이 이루어질 것이다.

하나님, 이 사람을 멈추어 주세요!

청년 시절에 나는 나이 든 사람들과의 교제를 즐거워했고 그들이 무엇에 대해 말하든지 항상 귀 기울여 들었다. 내 친구였던 나이 든 침례교 목사는 훌륭한 설교자였다. 나는 많은 시간을 그와 함께 보냈다. 하루는 그가 와서 그의 아내가 죽어 간다고 전했다. 나는 그에게 말했다. "클락(Clark) 형제여, 왜 하나님을 믿지 않으십니까? 당신이 단지 그분을 믿기만 하면 그분이 아내를 일으킬 것입니다." 그는 나에게 그의 집으로 와 달라고 요청했다. 나는 나와 같이 갈 사람을 찾았다. 하나님을 향해 열정적이며 구조 선교회를 열어 많은 돈을 기부하는 한 부자에게 가서 나와 함께 가자고 말했다. 그렇지만 그는 자신은 그런 일은 하지 않으니 나보고 혼자 가라고 말했다.

문득 시간을 정해 놓고 기도하는 한 사람이 생각났다. 그는 무릎을 꿇으면 세계적인 문제들을 다루느라 지구를 세 바퀴쯤 돌다가 오는 사람이었다. 그에게 같이 가기를 구하면서 "당신은 이번에 참된 기회를 얻게 될 거예요. 열심히 기도해 주세요. 그리고 기도가 올려졌다고 생각되면 멈추세요"라고 말했다. 어떤 사람들은 기도를 멈추지 않고 계속하기도 한다. 니콜(Nichols)이라는 이름의 그 형제가 나와 함께 가서 기도를 드리기 시작했다. 그는 목사의 아내가 죽게 되면 남편을 위로해 달라고 기도했고 또한 고아들과 관련된 내용의 기도를 드렸다. 나는 속으로 "오, 하나님, 이 사람을 멈추어 주세요!"라고 소리쳤다. 그러나 그는 멈추지 않고 계속해서 기도했다. 그가 말하는 모든 내용에서 한 조각의 믿음도 찾아볼 수 없었다.

그가 마침내 기도를 끝냈다. 이어서 나는 그 목사에게 기도를 해 달라고 요청했다.

"주님, 나의 형제의 기도를 들으시고 이 큰 사별의 슬픔 중에서 나를 위로하소서. 이 크나큰 시험을 감당할 수 있도록 나를 준비시켜 주소서."

나는 참을 수 없었다. "나의 하나님이여, 이 사람을 멈추어 주세요!" 분위기 전체가 불신으로 가득 차 있었다.

나는 기름이 가득한 유리병을 들고 그 여자에게 가서 예수의 이름으로 그녀 위에 그것을 모두 부었다. 그때 예수님께서 침대 끝 쪽에 나타나셨다. 그분은 웃으신 후에 사라지셨다. 그 여자가 일어섰다. 그녀는 완전히 나았으며 지금까지 건강하게 살고 있다.

놀라우신 예수님

우리 안에 크신 하나님과 놀라우신 예수님께서 거하신다. 또한 영광의 위로자도 함께하신다. 하나님의 하늘의 덮개가 당신 위에서 항상 당신을 보호할 것이며 악에서 당신을 지킬 것이다. "네가 그의 날개 아래에 피하리로다"(시 91:4). "하나님의 말씀은 살아 있고 활력이"(히 4:12) 있기에, 이것의 보화 안에서 당신은 영원한 생명을 발견할 수 있을 것이다. 만일 당신이 이 놀라우신 주님, 이 생명의 주님을 믿는다면 그 안에서 당신에게 필요한 것은 무엇이라도 찾을 수 있다.

아주 많은 사람이 마약과 가짜 약과 알약, 그리고 고약을 사용한다. 그 모든 것을 치우고 하나님을 믿으라. 하나님을 믿는 것으로 충분하다. 당신이 오직 하나님을 신뢰하면 그분은 결코 실패하지 않으신다는 사실을 발견할 수 있을 것이다. "믿음의 기도는 병든 자를 구원하리니 주께서 그를 일으키시리라"(약 5:15). 당신은 그분을 믿는가? 그분은 신뢰하기에 충분한 가치가 있는 분이시다.

미치광이가 회복되다

영국 서부의 바닷가 휴양지인 웨스턴 수퍼 메어(Weston-super-

Mare)로 와 달라는 초청을 받은 적이 있다. 전보에는 한 남자가 정신을 잃고 광란하는 미치광이가 되었기에 그곳에 와서 기도해 주기를 원한다고 적혀 있었다. 그곳에 도착했을 때 그 남자의 아내가 나를 맞으며 남편과 함께 있어 달라고 부탁했다.

나는 이를 허락했고 그 집에 머물렀다. 한밤중에 악한 능력이 그를 엄습했다. 그것은 매우 참혹한 광경이었다. 그의 머리에 손을 얹었더니 그의 머리카락들이 이쑤시개처럼 끝이 뾰족하게 섰다. 하나님께서 일시적으로 그를 낫게 하셨다. 다음 날 아침 6시쯤 나는 그 집에서 잠시 떠나 있어야 된다는 생각이 들었다. 그 사람은 내가 나가는 것을 보고 "당신이 떠나면 나는 소망이 없어요"라고 소리쳤다. 그러나 나는 가야 한다고 강하게 느꼈다.

그 집을 나오면서 구세군 모자를 쓴 한 여자를 보았다. 그녀는 7시 기도 모임에 가는 길이라고 했다. 나도 그 모임에 참석했다. 기도 모임을 인도하는 구세군 장교가 찬송을 시작하려 할 즈음에 나는 잠깐 찬송을 멈추고 기도하자고 말했다. 그는 내 말을 들어주었다. 나는 가슴이 터지도록 울며 기도했다. 그리고 나서 모자를 움켜잡고 그 모임을 뛰쳐나왔다. 거기에 참석했던 사람들은 그 모임에 이상한 사람이 왔었다고 생각했을 것이다.

나는 미치광이 남자가 옷을 다 벗고 물에 빠져 죽으려고 바다로 달려가는 것을 보았다. 그 즉시 나는 "예수의 이름으로 그에게서 나오라!"라고 소리쳤다. 그러자 그 사람이 땅에 길게 넘어졌다. 그를 묶었던 악한 영이 떠나갔다. 그리고 다시는 돌아오지 않았다. 그의 아내가 그를 쫓아 달려왔다가 완전한 상태로 회복된 남편을 만났다.

하나님의 능력에 사로잡히다

세상에는 악한 능력들이 존재한다. 그러나 예수님께서는 모든 악한 능력보다 크신 분이시다. 수많은 질병이 있으나 예수님께서는 모든 병의 치료자이시다. 그분에게 힘든 상황이란 없다. 유다의 사자이신 예수님께서 모든 결박을 끊으신다. 그분이 오셔서 "포로 된 자에게 자유를…눌린 자를 자유롭게"(눅 4:18) 하신다. 그분이 오신 것은 구원을 가져오고, 우리를 타락 이전의 완전한 사람으로 만드시기 위함이다.

사람들은 어떻게 해야 하나님의 능력에 사로잡힐 수 있는지 알기를 원한다. 당신이 인도된 모든 은혜의 자리(용서, 병 고침, 모든 종류의 해방)는 마귀와의 싸움에서 승리한 자리다. 마귀는 당신의 몸을 놓고 논쟁할 것이다. 당신이 구원받았을 때 대적은 곁에 와서 "보라. 너는 구원받지 못했다"라고 속삭인다. 사탄은 거짓말쟁이다. 그가 당신이 구원받지 못했다고 말하면 그것이야말로 당신이 구원받았다는 확실한 증거다.

당신은 삶이 깨끗하게 정돈된 한 남자의 이야기를 기억할 것이다. 악한 능력이 그에게서 완전히 쫓겨났다. 그러나 그 사람은 변화되지 않은 상태에 그대로 머물렀다. 주님께서 당신을 고쳐 주셨다면 변화되지 않은 상태에 머물러서는 안 된다. 귀신이 그 사람에게 다시 돌아와서 그의 집이 청소된 것을 발견하고는 그보다 더 악한 일곱 귀신을 데리고 와 그곳에 머물렀다. 그래서 그 나중 형편이 전보다 더 심해졌다(마 12:43-45 참조). 하나님으로 충만하도록 노력하라. 소유자를 취하라. 성령으로 충만하라.

하나님께서는 그분에게 도움을 구하는 사람들을 위하여 백만 가지의 해결 방법을 가지고 계신다. 그분은 모든 포로 된 자를 구원하신다. 또한 우리를 무척이나 사랑하셔서 우리가 "부르기 전에 내가 응답하겠고"(사 65:24)라고 말씀하셨다. 결코 그분을 떠나지 말라.

◈ 샌디에이고(San Diego)에서 온 편지

나는 1921년 2월에 샌디에이고의 브로드웨이(Broadway)에서 넘어져서 미저골(척추의 맨 아래에 있는 뼈)이 부러졌고 엉덩이와 골반 뼈들이 아주 심하게 뒤틀렸다. 이로 인해 큰 고통을 받았다. 부러진 뼈들이 두 달이 지나도록 낫지 않아 통증은 갈수록 심해졌고 심리적인 불안은 말할 것도 없었다. 또 그 자리에 염증도 생겼다. 뼈가 오랫동안 붙지 않아서 다른 치료를 받을 수도 없었다. 결국 병원에 입원해서 뼈 수술을 받았다. 상처는 빨리 아물었지만 염증은 그대로 남아 있었다. 여러 달 동안 계속 고통스러웠고 남의 도움이 없이는 외출도 할 수 없었다.

그러던 중 1922년 10월 2일에 위글스워스의 집회에 가게 되었다. 집회 중에 모든 병자와 고통을 당하는 사람들은 치유를 위해 일어서라고 했다. 남편이 옆에서 내가 일어나는 것을 도와주었다. 우리는 설교자(위글스워스)의 기도를 받았다. 나는 곧바로 치유되었다. 어떻게 낫게 되었는지는 나도 모른다. 단지 아는 것은 위대한 의사가 나의 몸을 만지자 내가 완전하게 나았고 고통에서 해방되었다는 사실뿐이다.

집으로 돌아와서 사람들에게 내가 앉을 수도 있고 두 손을 머리 위로 올릴 수도 있다는 것을 보여 주었다. 그 전에는 침대에 묶어 둔 가죽 끈을 붙잡아야 겨우 할 수 있었던 일들이었다. 이제는 더 이상 가죽 끈이 필요 없었다. 나는 사고 당한 후에 처음으로 고통을 느끼지 않고 누워서 몸을 뒤집을 수 있었다. 나는 귀하신 예수님의 보혈과 그분의 이름을 통하여 내 몸을 고치신 하나님을 찬양하는 일을 결코 멈추지 않을 것이다. 나는 다음 날 혼자 걸어서 전차를 타고 집회에 참석했으며 그 이후로 끊임없이 활동하고 있다.

_샌더스(Sanders) 부인

Chapter 6

우리의 연약한 것을
친히 담당하시다

Ever Increasing
Faith

Chapter 6

우리의 연약한 것을
친히 담당하시다

예수께서 산에서 내려 오시니 수많은 무리가 따르니라 한 나병환자가 나아와 절하며 이르되 주여 원하시면 저를 깨끗하게 하실 수 있나이다 하거늘 예수께서 손을 내밀어 그에게 대시며 이르시되 내가 원하노니 깨끗함을 받으라 하시니 즉시 그의 나병이 깨끗하여진지라 예수께서 이르시되 삼가 아무에게도 이르지 말고 다만 가서 제사장에게 네 몸을 보이고 모세가 명한 예물을 드려 그들에게 입증하라 하시니라 예수께서 가버나움에 들어가시니 한 백부장이 나아와 간구하여 이르되 주여 내 하인이 중풍병으로 집에 누워 몹시 괴로워하나이다 이르시되 내가 가서 고쳐 주리라 백부장이 대답하여 이르되 주여 내 집에 들어오심을 나는 감당하지 못하겠사오니 다만 말씀으로만 하옵소서 그러면 내 하인이 낫겠사옵나이다 나도 남의 수하에 있는 사람이요 내 아래에도 군사가 있으니 이더러 가라 하면 가고 저더러 오라 하면 오고 내 종더러 이것을 하라 하면 하나이다 예수께서 들으시고 놀랍게 여겨 따르는 자들에게 이르시되 내가 진실로 너희에게 이르노니 이스라엘 중 아무에게서도 이만한 믿음을 보지 못하였노라 또 너희에게 이르노니 동 서로부터 많은 사람이 이르러 아브라함과 이삭과 야곱과 함께 천국에 앉으려니와 그 나라의 본 자손들은 바깥 어두운 데 쫓겨나 거기서 울며 이를 갈게 되리라 예수께서 백부장에게 이르시되 가라 네 믿은 대로 될지어다 하시니 그 즉시 하인이 나으니라 예수께서 베드로의 집에 들어가사 그의 장모가 열병으로 앓아 누운 것을 보시고 그의 손을 만지시니 열병이 떠나가고 여인이 일어나서 예수께 수종들더라 저물매 사람들이 귀신 들린 자를 많이 데리고 예수께 오거늘 예수께서 말씀으로 귀신들을 쫓아 내시고 병든 자들을 다 고치시니 이는 선지자 이사야를 통하여 하신 말씀에 우리의 연약한 것을 친히 담당하시고 병을 짊어지셨도다 함을 이루려 하심이더라 마 8:1-17

여기에 놀라운 말씀이 있다. 모든 말씀은 놀랍다. 이 복된 책은 생명, 건강, 평화, 그리고 풍성함을 가져온다. 이 책은 나의 하늘 은행이다. 나는 내가 원하는 모든 것을 이 안에서 발견한다. 나는 당신이 얼마나 부유한 존재인지 알려 주기를 원하며, 그래서 당신이 예수 그리스도 안에서 모든 것에 풍족하기를 원한다(고전 1:5 참조). 당신을 위하여 그분은 "은혜와 의의 선물을 넘치게"(롬 5:17) 가지고 계시며, 그분의 넘치는 은혜로 말미암아 "다 하실 수"(마 19:26) 있다. 당신은 살아 계신 포도나무인 예수 그리스도의 살아 있는 가지이며, 이것이 바로 그분이 누구이신지를 이 세상에서 나타내는 당신의 특권이다. "주께서 그러하심과 같이 우리도 이 세상에서 그러하니라"(요일 4:17). 우리 스스로는 아무것도 아니지만 우리 안에 계신 그리스도께서 모든 것 중의 모든 것이 되신다.

주님께서는 우리를 그분에게로 이끄시기 위해 항상 그분의 은혜와 사랑을 드러내기 원하신다. 오늘날 이 시간에도 하나님께서는 일하기를 원하시고, 말씀을 나타내기 원하시며, 우리가 하나님의 마음을 깨닫기 원하신다.

나병환자가 깨끗함을 얻은 기적

오늘날 가난한 사람들도 많고 고통당하는 사람들도 많지만 나는 마태복음 8장에 나오는 이 사람의 형편만큼 심각한 사람은 없다고 생각한다.

예수께서 산에서 내려 오시니 수많은 무리가 따르니라 한 나병환자가 나아와 절하며 이르되 주여 원하시면 저를 깨끗하게 하실 수 있나이다 하거늘 예수께서 손을 내밀어 그에게 대시며 이르시되 내가 원하노니 깨끗함을 받으라 하시니 즉시 그의 나병이 깨끗하여진지라 예수께서 이르시되 삼가 아무에게도 이르지 말고 다만 가서 제사장에게 네 몸을 보이고 모세가 명한 예물을 드려 그들에게 입증하라 하시니라 마 8:1-4

본문에 나오는 사람은 나병환자였다. 당신이 혹시 폐결핵, 암, 아니면 다른 것들로 인해 고통을 당한다고 해도 그리스도 안에 있는 산 믿음을 가지면 예수님께서는 그분의 완전한 치유를 보여 주실 것이다. 그분은 놀라우신 분이시다.

이 나병환자는 예수님에 관한 소문을 분명히 들었을 것이다. 오늘날 주님께서 무엇을 행하시는지에 대해서 우리가 지속적으로 전파하지 않아서 얼마나 많은 것을 잃었는지 모른다. 아마 어떤 사람이 이 나병환자에게 "예수님께서 당신을 치료하실 수 있습니다"라고 말해 주었을 것이다. 그래서 그는 예수님께서 산을 내려오시는 것을 보고 크게 기대했을 것이다. 당시에 나병환자들은 다른 사람들과 접촉할 수 없었다. 그들은 깨끗하지 않다고 여겨졌기에 마을에서 함께 살 수 없었다. 예수님의 주위를 군중이 에워싸고 있어서 그는 그분 곁으로 가까이 갈 수 없었다. 그러나 예수님께서는 산에서 내려오시자마자 그를 만나 주셨다.

오, 나병은 끔찍한 병이다! 우리는 그를 도울 길이 없으나 예수님께서는 완전히 치유할 수 있으시다. 그 사람은 "주여 원하시면 저를 깨끗하게 하실 수 있나이다"(마 8:2)라고 외쳤다. 과연 주님께서는 그를 깨끗하게 해 주셨는가? 그분은 선한 일을 행하실 기회를 절대로 놓치지 않으셨다. 우리가 그분에게 일하실 기회를 드리는 것 이상으로 주님께서는 항상 일하기를 원하신다. 문제는 우리가 그분에게 나아가지 않는 것이다. 우리가 구하는 것 이상으로 주기를 원하시는 그분에게 우리는 구하지 않는다.

"예수께서 손을 내밀어 그에게 대시며 이르시되 내가 원하노니 깨끗함을 받으라 하시니 즉시 그의 나병이 깨끗하여진지라"(3절). 당신이 그분과 함께한다면 당신은 결코 실망하지 않을 것이다. 예수님께서는 오늘도 동일하셔서 당신에게 "내가 원하노니 깨끗함을 받으라"라고 말씀하신다. 그분은 당신을 위하여 생명이 충만하고 흘러넘치는 잔을 가지고 계신다. 그분이 절대적인 무력함에 빠진 당신을 만나 주실 것이다. 오직 당신이 믿기만 하면 믿는 자에게는 능히 하지 못할 일이 없다(막 9:23 참조). 하나님께서는 당신을 향한 실제적인 계획을 가지고 계신다. 단지 예수님께 나아가기만 하면, "어제나 오늘이나 영원토록 동일"(히 13:8)하신 그분을 만날 수 있다.

예수님께서 말씀으로 고치시다

마태복음 8장에는 중풍병으로 몹시 괴로워하는 그의 하인을 위해 예수님께 나아와 치유를 간구하는 백부장의 이야기가 나온다.

> 예수께서 가버나움에 들어가시니 한 백부장이 나아와 간구하여 이르되 주여 내 하인이 중풍병으로 집에 누워 몹시 괴로워하나이다 이르시되 내가 가서 고쳐 주리라 백부장이 대답하여 이르되 주여 내 집에 들어오심을 나는 감당하지 못하겠사오니 다만 말씀으로만 하옵소서 그러면 내 하인이 낫겠사옵나이다 나도 남의 수하에 있는 사람이요 내 아래에도 군사가 있으니 이더러 가라 하면 가고 저더러 오라 하면 오고 내 종더러 이것을 하라 하면 하나이다 예수께서 들으시고 놀랍게 여겨 따르는 자들에게 이르시되 내가 진실로 너희에게 이르노니 이스라엘 중 아무에게서도 이만한 믿음을 보지 못하였노라 또 너희에게 이르노니 동 서로부터 많은 사람이 이르러 아브라함과 이삭과 야곱과 함께 천국에 앉으려니와 그 나라의 본 자손들은 바깥 어두운 데 쫓겨나 거기서 울며 이를 갈게 되리라 예수께서 백부장에게 이르시되 가라 네 믿은 대로 될지어다 하시니 그 즉시 하인이 나으니라 마 8:5-13

이 백부장은 아주 진지하게 예수님을 만나러(찾으러) 왔다. 여기서 한 가지 분명한 사실이 있다. 구하면 찾지 못할 것이 없다. "찾는 이는 찾아낼 것이요"(마 7:8). 예수님의 은혜로우신 말씀을 들으라. "내가 가서 고쳐 주리라"(마 8:7).

예수님께서는 치유해 주기를 원하신다

내가 방문하는 곳을 찾아오는 사람들에게 전부 기도를 해 줄 수는 없다. 어떤 곳에서는 이삼백 명의 사람이 나의 방문과 기도를 기다린다. 그런 환경에서도 내가 기뻐할 수 있는 것은 주 예수님께서 항상 그곳에 오셔서 치유해 주시기 때문이다. 그분은 병자들을 도와주기 원하신다. 오늘날에도 바울 시대에 행하셨던 것처럼 손수건을 사용하여 많은 사람을 고치신다(행 19:11-12 참조).

리버풀(Liverpool)에서 만난 여자는 나에게 이렇게 부탁했다. "당신이 나와 협력해서 기도해 주기를 원해요. 나의 남편은 술주정뱅이예요. 매일 밤 술에 취해 들어온답니다. 그를 위해 기도해 주시겠어요?"

나는 그녀에게 손수건이 있으면 달라고 했다. 그녀가 손수건을 꺼내 주자 나는 그 손수건을 들고 기도했다. 그리고 이것을 술 취한 남편의 베개 위에 올려놓으라고 지시했다. 남편은 밤에 돌아와 이 손수건을 덮어 놓은 베개를 베고 잠이 들었다. 단순히 그

머리를 손수건 위에 올려놓았을 뿐이지만 이는 하나님의 약속 위에다 머리를 올려놓은 것과 같다. 마가복음 11장 24절에는 "그러므로 내가 너희에게 말하노니 무엇이든지 기도하고 구하는 것은 받은 줄로 믿으라 그리하면 너희에게 그대로 되리라"라는 말씀이 나온다.

그 남자는 다음 날 아침에 일하러 가는 길에 술집에 들러서 약간의 맥주를 주문했다. 그런데 술맛이 이상했다. 그는 종업원에게 물어보았다. "당신이 이 맥주에 독을 넣었나요?"

그는 다른 술집에 가서 약간 더 많은 맥주를 주문했다. 이번에도 그는 맛을 보고 카운터에 있는 사람에게 이렇게 말할 수밖에 없었다. "당신이 이 맥주에 독을 넣었지요? 아마도 당신들이 나를 독살하려고 모의를 하는 것 같군요."

종업원은 몹시 분개했다. 그 남자는 곧 다른 술집으로 자리를 옮겼다.

그러나 앞의 두 군데 술집에서 일어났던 상황과 똑같은 일이 벌어졌다. 그는 결국 소동을 일으켜서 쫓겨나고 말았다.

그는 일을 마친 후에 또 다른 술집으로 갔는데 이번에도 종업원이 그를 독살하려는 것 같다는 생각이 들었다. 그 술집에서도 역시 난동을 부리다가 쫓겨났다. 그는 집으로 돌아와서 아내에게 이 모든 상황을 들려주고는 "모든 사람이 나를 독살하려고 작정한 것 같아"라고 덧붙였다.

그러자 그의 아내는 이렇게 말했다. "이 일에서 주님의 손길을 보지 못하나요? 그분이 당신을 망하게 하는 그 술을 싫어하도록 만드신다는 것을 알지 못하겠어요?" 이 말이 그 사람의 마음에 확신을 주었기에 그는 집회에 참석해서 구원을 받았다. 주님께서는 오늘날에도 여전히 포로 된 자를 자유롭게 하신다.

호주에 있을 때 매우 게으른 아들 때문에 걱정이 몹시 많은 한 여자를 만났다. 나는 그녀의 손수건을 들고 기도했다. 그 손수건 역시 아들의 베개 위에 얹어졌다. 밤에 손수건을 베고 잔 아들은 다음 날 아침에 바로 일자리를 찾으러 나가서 드디어 일을 시작하게 되었다. 오, 주님을 찬양하라! 당신은 하나님을 거부할 수 없다. 당신이 오직 믿기만 하면 그분이 마귀를 쫓아내실 것이다.

다시 마태복음 8장에 나오는 백부장의 이야기로 돌아가 보사. 예수님께서 직접 가서 병든 하인을 고쳐 주시겠다고 하자 백부장은 이렇게 말했다. "주여 내 집에 들어오심을 나는 감당하지 못하겠사오니 다만 말씀으로만 하옵소서 그러면 내 하인이 낫겠사옵나이다"(마 8:8). 예수님께서는 이 말을 들으시고 기뻐하셨다. "백부장에게 이르시되 가라 네 믿은 대로 될지어다 하시니 그 즉시 하인이 나으니라"(13절).

호주에 머물렀을 때 일어났던 또 다른 일을 소개하겠다. 한 남자가 큰 지팡이에 의지해 나를 찾아왔다. "당신이 나를 도와주셨으면 해요. 나를 위해 기도해 주는 데 삼십 분밖에 걸리지 않을 거예요."

"하나님을 믿으세요. 곧바로 당신이 온전해질 것입니다." 그 순간 그의 믿음이 소생했고 즉시 치유를 받았다. 그는 기적적인 치유를 경험하고는 하나님을 찬양하며 돌아갔다.

하나님의 말씀은 오늘날에도 여전히 풍성하게 역사한다. 하나님의 말씀을 믿기만 하면 진실로 놀라운 그분의 말씀의 성취를 보게 될 것이다.

백부장의 믿음은 담대한 믿음 곧, 하나님을 제한하지 않는 믿음이다. 실패는 우리가 이스라엘의 거룩하신 그분을 제한할 때 발생한다. 나는 당신이 하나님의 말씀을 믿는 산 믿음을 소유하기를 바란다.

베드로의 장모를 고치시다

> 예수께서 베드로의 집에 들어가사 그의 장모가 열병으로 앓아 누운 것을 보시고 그의 손을 만지시니 열병이 떠나가고 여인이 일어나서 예수께 수종들더라 마 8:14-15

이 말씀은 예수님께서 열병으로 앓아누운 베드로의 장모를 고치신 사건을 언급한다. 누가는 예수님께서 열병을 꾸짖으셨다고 기록했다(눅 4:39 참조). 말씀하시는 순간 열병이 떠나갔다. 예수님께서는 새로운 방법으로 병을 고치셨다.

오늘날 많은 사람이 열병에 걸리면 땀을 내서 고치려고 한다. 하지만 땀을 내는 것으로는 마귀를 내쫓을 수 없다. 마귀는 이를 견딜 수 있다. 그러나 "믿는 자에게는"(막 9:23) 그리스도의 구속이 확실하게 임하며, 이는 베드로의 장모처럼 당신에게도 확실하게 임한다.

귀신 들린 여자와의 대면

한번은 자신들의 딸이 아프니 방문해 줄 수 있느냐고 요청하는 전보를 받았다. 그곳은 우리 집에서 이백 마일이나 떨어져 있었다. 나는 그곳에 가서 그 부모를 만났다. 그들은 말할 수 없이 깊은 비탄에 빠져 있었다. 그들이 나를 방으로 올라가는 계단으로 이끌었다. 계단을 올라가자 바닥에 앉은 젊은 여자가 보였다. 다섯 명의 남자가 그녀를 붙잡고 있었다. 그녀는 연약한 젊은 여자였지만 그녀 안에 내재된 힘은 그곳에 있는 모든 청년의 힘보다 더 강했다. 내가 방으로 들어서자 그 악한 능력이 그녀의 눈으로 나를 경계했다. 그들은 그녀의 입술을 사용하여 나에게 경고했다. "우리는 많다. 당신은 우리를 내쫓지 못할 것이다."

나는 "예수님께서 하실 수 있다"라고 선포했다.

예수님께서는 언제나 동일하시다. 그분은 축복해 주실 기회를 기다리고 계신다. 또한 영혼들을 구원할 기회를 위해 준비하고 계신다. 우리가 예수님을 영접할 때 따라오는 이 성경 구절은 오늘날에도 변함없는 진리다. "너희 안에 계신 이가 세상에 있는 자보다 크심이라"(요일 4:4). 그분은 흑암의 모든 능력보다 더 크신 분이시다. 그 누구도 자신의 힘으로는 마귀를 대적할 수 없으나 예수님을 아는 지식으로 충만한 자, 그분의 임재와 능력으로 충만한 자는 흑암의 능력을 능히 제압할 수 있다. 하나님께서 우리를 부르신 이유는 "우리를 사랑하시는 이로 말미암아 우리가 넉넉히 이기느니라"(롬 8:37)라는 말씀을 이루게 하기 위함이다.

살아 있는 말씀은 사탄의 힘들을 파괴할 수 있다. 예수의 이름에는 능력이 있다. 나는 길가의 모든 창문에 큰 글씨로 예수의 이름이 새겨지기를 원한다.

그분의 이름 안에 있는 능력으로 말미암아 이 가련한 영혼에게 해방이 찾아왔다. 그녀에게서 서른일곱의 귀신이 자신들의 이름을 대며 나오면서 그녀를 떠나갔다.

그 귀여운 여자는 완전히 자유롭게 되었고, 가족들은 그녀의 아기를 그녀의 품에 안겨 주었다. 그날 밤 그 집에 천국이 임했다. 아버지와 어머니, 그리고 남편과 그녀까지 모두 하나가 되어 하나님의 무한한 은혜를 찬미하며 그리스도께 영광을 돌렸다. 다음 날 아침, 우리는 은혜로운 성찬식에 참여했다. 우리의 놀라우신 예수님과 함께하면 모든 것이 놀랍게 변화된다. 당신이 그분에게 기초를 두면 그분이 모든 상황을 바꾸실 것이다. 예수의 이름을 통하여 한순간에 모든 일의 새로운 질서가 잡힌다.

세상에는 새로운 질병들이 항상 생겨나는데 의사들은 그것들을 제대로 분별하지 못한다. 한 의사는 나에게 이렇게 말했다. "의약의 과학은 아직 초기 단계이고 우리 의사들은 실제로 약을 신뢰하지 않아요. 우리는 항상 실험하고 있는 것이지요." 그러나 하나님의 사람은 실험하지 않는다. 그는 구속의 충만함을 알며, 또한 당연히 알아야 한다. 그는 주 예수 그리스도의 강력한 힘을 알며, 또한 당연히 알아야 한다. 그는 밖으로 드러난 관점에 의해 움직여서는 안 되며, 예수의 이름의 강력한 신성의 계시와 그분의 보혈의 능력을 마땅히 받아야 한다. 만일 우리가 주 예수 그리스도 안에 있는 우리의 믿음을 사용하면 그분이 오셔서 모든 흑암의 힘을 물리치시고 영광을 얻으실 것이다.

그리스도께서 우리의 질병과 죄를 담당하시다

저물매 사람들이 귀신 들린 자를 많이 데리고 예수께 오거늘 예수께서 말씀으로 귀신들을 쫓아 내시고 병든 자들을 다 고치시니 이는 선지자 이사야를 통하여 하신 말씀에 우리의 연약한 것을 친히 담당하시고 병을 짊어지셨도다 함을 이루려 하심이더라 마 8:16-17

당신이 오직 믿기만 하면 일이 이루어진다. "우리의 연약한 것을 친히 담당하시고 병을 짊어지셨도다." 당신은 오직 갈보리로 가시는 하나님의 어린 양만을 바라보라! 그분은 우리의 모든 죄의 짐과 죄의 결과를 다 책임지셨다. 하나님께서는 우리 모두의 죄악을 갈보리 십자가 위에 계신 예수님께 담당시키셨다(사 53:6 참조). 죄의 결과들도 역시 십자가 위에서 처리되었다.

자녀들은 혈과 육에 속하였으매 그도 또한 같은 모양으로 혈과 육을 함께 지니심은 죽음을 통하여 죽음의 세력을 잡은 자 곧 마귀를 멸하시며 또 죽기를 무서워하므로 한평생 매여 종 노릇 하는 모든 자들을 놓아 주려 하심이니 히 2:14-15

예수님의 죽음으로 말미암아 오늘 당신에게 해방이 임했다.

❧ 이중 탈장을 비롯하여 다른 병들도 치유받은 남편

한 해 전에 나의 남편은 이중 탈장(삼 년)과 수종증(이 년), 약한 심장, 흡연(사십칠 년) 등에서 즉시로 고침을 받았다. 하늘에서 내려온 주님의 능력이 그에게 전기처럼 흘러 들어감으로써 이 모든 것을 쫓아냈다. 주님을 찬양하라!

또한 구 주 전에 우리는 스미스 위글스워스 형제의 말씀을 들으러 오레곤(Oregon)의 포틀랜드(Portland)를 방문했다. 내 남편은 고혈압과 정맥류의 질병 때문에 발목이 부러져서 하루에 두 번씩이나 옷을 갈아입어야 했다. 그러나 이 모든 질병이 치유되었다. 어떤 의사도 그의 병을 고칠 수 없었지만 의사이신 예수님께서 그를 고치셨다. 하나님을 찬양하라!

_프랭크 내퓨스(Frank Nephews) 부인, 오레곤의 뉴버그(Newberg)

Ever Increasing
Faith

Chapter 7

부활하신 그리스도

Ever Increasing
Faith

Chapter 7

부활하신 그리스도

사도들이 백성에게 말할 때에 제사장들과 성전 맡은 자와 사두개인들이 이르러 예수 안에 죽은 자의 부활이 있다고 백성을 가르치고 전함을 싫어하여 그들을 잡으매 날이 이미 저물었으므로 이튿날까지 가두었으나 말씀을 들은 사람 중에 믿는 자가 많으니 남자의 수가 약 오천이나 되었더라 이튿날 관리들과 장로들과 서기관들이 예루살렘에 모였는데 대제사장 안나스와 가야바와 요한과 알렉산더와 및 대제사장의 문중이 다 참여하여 사도들을 가운데 세우고 묻되 너희가 무슨 권세와 누구의 이름으로 이 일을 행하였느냐 이에 베드로가 성령이 충만하여 이르되 백성의 관리들과 장로들아 만일 병자에게 행한 착한 일에 대하여 이 사람이 어떻게 구원을 받았느냐고 오늘 우리에게 질문한다면 너희와 모든 이스라엘 백성들은 알라 너희가 십자가에 못 박고 하나님이 죽은 자 가운데서 살리신 나사렛 예수 그리스도의 이름으로 이 사람이 건강하게 되어 너희 앞에 섰느니라 이 예수는 너희 건축자들의 버린 돌로서 집 모퉁이의 머릿돌이 되었느니라 다른 이로써는 구원을 받을 수 없나니 천하 사람 중에 구원을 받을 만한 다른 이름을 우리에게 주신 일이 없음이라 하였더라 그들이 베드로와 요한이 담대하게 말함을 보고 그들을 본래 학문 없는 범인으로 알았다가 이상히 여기며 또 전에 예수와 함께 있던 줄도 알고 또 병 나은 사람이 그들과 함께 서 있는 것을 보고 비난할 말이 없는지라 명하여 공회에서 나가라 하고 서로 의논하여 이르되 이 사람들을 어떻게 할까 그들로 말미암아 유명한 표적 나타난 것이 예루살렘에 사는 모든 사람에게 알려졌으니 우리도 부인할 수 없는지라 이것이 민간에 더 퍼지지 못하게 그들을 위협하여 이 후에는 이 이름으로 아무에게도 말하지 말게 하자 하고 그들을 불러 경고하여 도무지 예수의 이름으로 말하지도 말고 가르치지도 말라 하니 베드로와 요한이 대답하여 이르되 하나님 앞에서 너희의 말을 듣는 것이 하나님의 말씀을 듣는 것보다 옳은가 판단하라 우리는 보고 들은 것을 말하지 아니할 수 없다 하니 관리들이 백성들 때문에 그들을 어떻게 처벌할지 방법을 찾지 못하고 다시 위협하여 놓아 주었으니 이는 모든 사람이 그 된 일을 보고 하나님께 영광을 돌림이라 이 표적으로 병 나은 사람은 사십여 세나 되었더라 사도들이 놓이매 그 동료에게 가서 제사장들과 장로들의 말을 다 알리니 그들이 듣고 한마음으로 하나님께 소리를 높여 이르되 대주재여 천지와 바다와 그 가운데 만물을 지은 이시오 또 주의 종 우리 조상 다윗의 입을 통하여 성령으로 말씀하시기를 어찌하여 열방이 분노하며 족속들이 허사를 경영하였는고 세상의 군왕들이 나서며 관리들이 함께 모여 주와 그의 그리스도를 대적하도다 하신 이로소이다 과연 헤롯과 본디오 빌라도는 이방인과 이스라엘 백성과 합세하여 하나님께서 기름 부으신 거룩한 종 예수를 거슬러 하나님의 권능과 뜻대로 이루려고 예정하신 그것을 행하려고 이 성에 모였나이다 주여 이제도 그들의 위협함을 굽어보시옵고 또 종들로 하여금 담대히 하나님의 말씀을 전하게 하여 주시오며 손을 내밀어 병을 낫게 하시옵고 표적과 기사가 거룩한 종 예수의 이름으로 이루어지게 하옵소서 하더라 빌기를 다하매 모인 곳이 진동하더니 무리가 다 성령이 충만하여 담대히 하나님의 말씀을 전하니라 믿는 무리가 한마음과 한 뜻이 되어 모든 물건을 서로 통용하고 자기 재물을 조금이라도 자기 것이라 하는 이가 하나도 없더라 사도들이 큰 권능으로 주 예수의 부활을 증언하니 무리가 큰 은혜를 받아 그 중에 가난한 사람이 없으니 이는 밭과 집 있는 자는 팔아 그 판 것의 값을 가져다가 사도들의 발 앞에 두매 그들이 각 사람의 필요를 따라 나누어 줌이라 구브로에서 난 레위족 사람이 있으니 이름은 요셉이라 사도들이 일컬어 바나바라(번역하면 위로의 아들이라) 하

니 그가 밭이 있으매 팔아 그 값을 가지고 사도들의 발 앞에 두니라

행 4:1-37

우리의 영광스러운 예수님께서는 부활하신 그리스도이시다. 성령의 내주하시는 능력을 맛본 우리는 부활하신 예수님을 친구 삼아 엠마오로 걸어가던 두 제자의 마음이 어떻게 뜨거워졌는지 잘 알고 있다(눅 24:13-32 참조). 사도행전 4장 31절을 보라. "빌기를 다하매 모인 곳이 진동하더니 무리가 다 성령이 충만하여 담대히 하나님의 말씀을 전하니라." 오늘날의 교회는 이 말씀에 나온 것처럼 기도를 드리지 않는다. 어떻게 기도해야 하는지, 어떻게 소리쳐야 하는지 모르는 교회는 절대로 진동하지 않는다. 만일 당신이 그러한 장소에서 예배를 드린다면 당신은 이미 그 문턱을 넘어 거기에 발을 들여놓았다고 할 수 있다. "이가봇…영광이 이스라엘에게서 떠났다!"(삼상 4:21-22) 우리가 기도와 능력과 찬양의 비밀을 배울 때에야 비로소 하나님께서 다가오신다. "나는 하나님을 속으로만 찬양할 거야"라고 말하더라도 마음속에서 찬양이 흘러넘치면 입 밖으로 찬양이 나오는 것을 막을 수 없다.

안에 있는 것이 밖으로 나오다

런던에서 큰 사업을 하는 한 남자는 매주 교회에 잘 출석했다. 그가 다니는 교회는 아름답게 장식되어 있었고 의자는 아주 푹신했다(설교 시간에 쉽게 잠이 들 수 있을 만큼). 그는 물질적으로는 부요한 사람이었으나 마음에는 평화가 없었다. 그의 회사에 항상 기쁘게 생활하는 소년이 있었다. 그 소년은 언제나 휘파람을 불면서 뛰어다녔다. 그는 그 소년을 자신의 방으로 불렀다.

"너는 어떻게 항상 휘파람을 불면서 기뻐할 수 있니?"

"저는 기쁨을 참을 수가 없어요."

"그 기쁨을 어디에서 얻었니?"

"오순절 교회에서 얻었어요."

"거기가 어디지?"

소년은 자신의 교회를 그에게 소개했다. 남자는 그 교회에 등록했다. 주님께서 그의 마음에 들어가셨고 짧은 기간에 그는 완전히 변했다. 얼마 지나지 않아 사업이 잘 풀리지 않았지만 그는 예전과 달리 크게 마음을 쓰지 않았고 휘파람을 불며 뛰어다녔다. 그의 성격과 삶이 변화된 것이다.

소리를 지르려면 먼저 내 안에 소리가 있어야만 밖으로 지를 수 있다. 안에서 역사하는 하나님의 능력이 먼저 와야 마음을 바꾸시는 그분이 삶을 변화시키신다. 어떠한 실제 사건 이전에 신성한 유입이 있어야 한다.

종종 내가 사람들에게 "지난밤에 집회에 오지 않았더군요"라고 말하면, 그들은 "네. 나는 그곳에 영으로 있었지요"라고 대답한다. "다음에는 당신의 몸과 같이 오세요. 우리는 많은 영이 몸도 없이 오는 것을 원하지 않아요. 우리는 당신이 와서 하나님으로 충만하기를 원한답니다."

모든 사람이 와서 기도하고 찬양하면 그곳에서 어떠한 일이 벌어질 것이다. 오는 사람들이 모두 불을 받을 것이며 다시 오기를 원할 것이다. 그러나 형식화되고 메마르며 죽은 곳은 그 장소가 아무 소용도 없는 곳이 될 것이다.

오순절의 능력이 사람들을 자유롭게 한다. 하나님께서는 우리가 자유롭기를 원하신다. 사람들은 무엇을 모방하는 것에 지쳤다. 그들은 실재를 원한다. 그들은 살아 계신 그리스도께서 안에 계셔서 성령의 능력으로 충만한 사람들을 보기 원한다.

항상 정확하신 하나님

언젠가 한 사건에 관하여 여러 장의 편지와 전보를 받았다. 내가 그곳에 도착했더니 사람들이 이미 늦었다고 말했다. "아닙니다. 하나님께서는 나를 그 어느 곳이든지 절대로 늦게 보내지 않으세요." 하나님께서는 내가 이전에 경험한 것과는 다른 일이 일어날 것임을 나에게 미리 보여 주셨다. 그곳 사람들은 내가 처음 보는 사람들이었다.

나는 절망적으로 누워 있는 한 청년을 소개받았다. 그에게는 희망이 없었다. 아침에 그를 진찰한 의사는 그가 그날을 넘기지 못할 것이라고 선언했다. 그는 얼굴을 벽 쪽으로 향하고 누워 있었는데 몸을 전혀 움직이지 못했다. 그의 어머니는 아들이 도저히 몸을 돌릴 수 없어서 그동안 계속 한 자세로만 누워 있었다고 알려 주었다.

그 청년은 "나의 마음이 매우 약해요"라고 말했다. 나는 그에게 확신을 주는 말씀을 선포했다. "내 육체와 마음은 쇠약하나 하나님은 내 마음의 반석이시오 영원한 분깃이시라(시 73:26). 만일 당신이 하나님을 믿으면 오늘 기적이 일어날 것입니다."

우리의 그리스도께서는 부활하셨다. 그분은 우리 안에 살아 계신 그리스도이시다. 우리는 이 진리를 단지 이론으로만 숙지해서는 안 된다. 그리스도께서 성령의 능력으로 우리 안에서 부활하셔야만 한다. 그분을 죽음에서 살리신 그 능력이 우리에게 생명을 불어넣어 준다. 이 영광스러운 부활의 능력이 우리의 존재를 통하여 물결칠 때 우리는 모든 약함에서 벗어날 수 있다. 우리는 "주 안에서와 그 힘의 능력으로 강건하여"(엡 6:10)질 것이다. 이것이 부활의 능력이다. 하나님께서는 당신이 오늘날 이것을 소유하기 원하신다. 지금 여기에서 당신의 몫을 받지 않겠는가?

내가 사람들에게 이 청년이 오늘 살아날 것을 믿는다고 말하자 그들은 그냥 웃기만 했다. 사람들은 오래전에 제자들이 본 것과 같은 이적과 기사를 기대하지 않는다. 과연 하나님께서 변하셨는가? 아니면 예수님께서 약속하신 위대하신 역사를 기대하는 우리의 믿음이 사라져 버렸는가? 우리는 작은 음성으로 찬양을 드려서는 안 된다. 우리의 메시지는 마땅히 연주회 수준으로 크게 울려야 하고, 성경에 나온 것은 그 무엇도 빠뜨려서는 안 된다.

그때는 겨울이었기에 나는 청년의 부모에게 그의 겉옷을 가져다 달라고 말했다. 그들은 아들이 곧 죽을 것이라고 생각해서 그런지 나의 부탁을 들어주지 않았다. 그러나 나는 하나님을 신뢰하며 그곳을 방문했다.

성경은 아브라함에 대하여 이렇게 언급했다.

> 기록된 바 내가 너를 많은 민족의 조상으로 세웠다 하심과 같으니 그가 믿은 바 하나님은 죽은 자를 살리시며 없는 것을 있는 것으로 부르시는 이시니라 롬 4:17

하나님께서 당신이 이것을 이해할 수 있도록 도와주시기를 바란다. 지금은 사람들이 하나님의 영원한 능력을 바라보면서 믿음 안에서 어떻게 외쳐야 하는지를 알아야 할 때다. 하나님께서는

"죽을 몸도 살리시며"(롬 8:11), 죽은 자를 부활시키는 것이 전혀 어렵지 않은 분이시다. 나는 그동안 하나님의 능력 안에서 거인이 될 만한 사람들을 많이 만났는데 그중에는 안타깝게도 믿음의 외침이 없는 사람들도 있었다. 어디를 가든지 기도하고 있으면서도 실망하는 사람들을 볼 수 있다. 이는 그들이 소리 내어 기도하지 않고 단순히 낱말들을 나열하는 것에 그치기 때문이다. 그런 방법으로는 승리를 얻지 못한다. 승리를 취하는 법과 마귀의 면전에다 "다 끝났다!"라고 외치는 법을 배워야 한다.

우리가 외치는 법을 배워서 행하면 아무도 우리를 의심하지 않을 것이다. 또한 대단한 사건과 이적이 일어날 것이다. "그들이 듣고 한마음으로 하나님께 소리를 높여"(행 4:24)라는 말씀에서 소리를 높이는 행동은 확실히 큰 소리로 기도를 드리는 행동이었을 것이다. 우리는 하나님께서 우리가 생명을 소유하도록 계획하셨다는 점을 반드시 알아야 한다. 만일 세상에 있는 어떤 존재 안에 그리스도의 생명이 있다면 그것은 오순절의 부흥 속에 있는 것과 같다. 나는 방언을 말하는 것과 더불어 성령세례를 믿으며, 그리고 누구든지 성령세례를 받는 자는 "성령이 말하게 하심을 따라 다른 언어들로 말하기를 시작"(행 2:4)할 것을 믿는다.

나는 성령을 믿는다. 당신이 성령으로 충만하면 삶이 풍성해질 것이며, 당신에게서 생수가 흘러나올 것이다.

나는 그 청년의 부모를 설득하여 그의 옷들을 침대로 가져오게 했다. 인간적인 관점에서 보면 청년은 죽어 가고 있었다. 괴로워하는 그에게 믿음으로 이렇게 선포했다. "나의 손을 당신에게 얹을 때 이 장소가 성령으로 충만할 것이며 침대가 진동하고 성령의 능력으로 당신도 진동하고, 당신이 침대에서 내려와 스스로 이 옷을 입고 강건해질 것이라고 하나님께서 나에게 보여 주셨답니다." 내가 예수의 이름으로 그의 위에 손을 얹자 곧바로 하나님의 능력이 그에게 전달되었고, 그 장소에 가득 찼다. 나는 바닥에 쓰러졌다. 그 장소가 진동했다는 것 외에는 아무것도 기억나지 않았다.

청년이 나를 넘어 걸으면서 "주님, 그분께 영광을! 주님, 그분께 영광을!"이라고 외치는 소리가 들렸다.

그는 스스로 옷을 입은 후에 "하나님께서 나를 고치셨어요"라고 소리쳤다. 그 청년의 부모와 그곳에 있던 다른 사람들도 역시 쓰러졌다. 그날 하나님께서는 그분의 능력을 나타내셔서 그 청년을 고치시고 온 가족을 구원하셨다. 이것이 부활하신 주님의 능력이다. 그 청년은 지금도 복음을 전하고 있다.

일하시는 하나님

여러 해 동안 우리는 하나님께서 나타나시기를 갈망했고, 그분을 찬양했으며, 그분이 오신다는 것을 믿었다. 이러한 흐름은 어디에서나 일어났다. 나는 얼마 전에 스위스를 방문해서 오순절 메시지를 들어 보지 못한 여러 곳에서 설교했다. 그 이후로 새로운 오순절 모임이 각각 다른 아홉 군데 장소에서 열리고 있다. 온 세계적으로도 이 거대한 오순절 역사가 운행 중이다. 당신은 하나님께서 갈급한 심령들에게 성령을 부으시지 않는 장소를 찾아보기 힘들 것이다. 하나님께서는 그분의 성령을 모든 육체에 부어 주겠다고 약속하셨고, 하나님의 약속은 결코 깨어지지 않는다. 우리의 그리스도께서는 부활하셨다. 그분의 구원은 한구석에서 이루어진 것이 아니다. 진실로 그분은 영광의 사람으로서 우리를 실패하게 하고 방해하는 모든 것에서 우리를 자유롭게 하려고, 또한 그분의 은혜로 우리를 변화시키고, 대적의 힘 아래서 우리를 구출하여 하나님의 영광스러운 능력 안으로 들어가게 하려고 갈보리로 가신 분이시다. 부활하신 그리스도께서는 한 번의 만지심으로 죽은 자를 일으키신다. 할렐루야!

오, 이 놀라우신 예수님께서 오셔서 우리 안에 거하신다! 그분은 머물기 위해 오신다. 그분은 우리에게 성령으로 세례를 주시고 우리의 모든 것을 변화시키시는 분이시다.

우리는 하나님께 "첫 열매"(약 1:18)가 되어야 하며, 그 첫 열매이신 그리스도를 본받아야 한다. 우리는 그분의 발걸음 안에서 걸어야 한다. 또한 우리는 그분의 능력으로 사는 자들이다. 구원은 이 부활하신 그리스도를 우리 안에 소유하는 것이다. 나는 다른 모든 것은 무의미하며 무력하기에 마땅히 버려야 한다고 믿는다. 비록 거룩하고 좋은 생각이라고 할지라도 그리스도께서 흥하기 위해서라면 반드시 쇠해야 한다. 모든 것은 성령의 능력 아래에 있다.

함께하시는 하나님

당신은 하나님께로부터 온 유산을 받을 수 있는가? 오직 하나님을 믿을 수 있는가? 그분의 말씀의 약속 위에 설 수 있는가? 그렇다면 무엇이 약속인가? "네가 믿으면 하나님의 영광을 보리라"(요 11:40). 당신은 곡식처럼 선별될 것이다. "이상한 일 당하는 것 같이"(벧전 4:12) 시험을 당할 것이다. 당신은 모든 믿음을 하나님께만 두어야 하는 자리로 들어가게 될 것이다. 하나님께서 허락하시지 않는 시험은 없다. 사람이 감당하지 못할 시험은 없으니 하나님께서 그 시험 중에 반드시 함께 계셔서 구출하실 것이며(고전 10:13 참조), 시험을 당한 후에는 그분이 당신을 "순금 같이"(욥 23:10) 나오게 하실 것이다. 모든 시험은 우리를 하나님 안에서 위대한 자리로 인도한다. 당신의 믿음을 요구하는 그 시험을 통해 믿음이 성장했음을 깨달을 수 있을 것이다. 어느 누구도 부활하신 그리스도의 능력을 통하지 않고서는 어떠한 승리도 쟁취할 수 없다. 당신이 "내가 이것을 했고 저것을 했다"라고 절대 말할 수 없을 것이다. 당신은 모든 일에 하나님께 영광을 돌리는 것을 소원하게 될 것이다.

당신이 처한 상황을 제대로 알고, 살아 계신 그리스도의 임재 속에 있다면, 당신은 일이 더 어렵게 진행되는 것을 보더라도 웃을 수 있다. 하나님께서는 당신이 그리스도 안에 거하고 뿌리를 두기 원하시며, 이것은 오직 성령으로 충만할 때만이 그분 안에서 확고하게 이루어진다.

주 예수님께서는 "나는 받을 세례가 있으니 그것이 이루어지기까지 나의 답답함이 어떠하겠느냐"(눅 12:50)라고 말씀하셨다. 분명히 그분은 모든 길에서 답답하셨을 것이다. 겟세마네에서, 재판장에서, 그리고 이 모든 것 후에 그분이 "영원하신 성령으로 말미암아 흠 없는 자기를 하나님께 드린"(히 9:14) 십자가 위에서. 하나님께서는 우리를 이러한 방법으로 이끄시며, 성령은 그 길의 모든 걸음을 인도하신다. 하나님께서는 예수님의 부활을 통하여 승천의 영광과 보좌의 장소로 인도하셨다. 하나님의 아들은 우리를 소유하셔서 그분의 영광의 보좌를 나누어 주기 전까지는 결코 만족하지 않으신다.

Ever Increasing Faith

Chapter 8

의로움

Ever Increasing
Faith

Chapter 8

의로움

주께서 의를 사랑하시고 불법을 미워하셨으니 그러므로 하나님 곧 주의 하나님이 즐거움의 기름을 주께 부어 주를 동류들보다 뛰어나게 하셨도다 하였고 히 1:9

우리가 성령 안에 거하면 주님께서 그러셨듯이 우리도 마땅히 의를 사랑하고 불법을 미워하게 된다. 그리스도 예수 안에 있는 우리는 더 이상 저주 아래에 있지 아니하고 하늘이 열려 있는 곳에 거한다. 그곳은 무한한 가능성과 끝이 없는 능력과 알려지지 않은 자원들이 가득한, 모든 마귀의 능력을 제압하는 승리의 장소다. 우리가 이 참된 거룩함의 삶을 소망하고 오직 하나님의 영광만을 바랄 때 그 무엇도 우리의 진정한 성장을 막지 못한다.

보배로운 믿음

베드로는 그의 두 번째 서신을 다음과 같이 시작한다.

> 예수 그리스도의 종이며 사도인 시몬 베드로는 우리 하나님과 구주 예수 그리스도의 의를 힘입어 동일하게 보배로운 믿음을 우리와 함께 받은 자들에게 편지하노니 벧후 1:1

우리는 믿음을 통하여 부활하신 주님과 복되고도 영광스러운 연합을 이루었다. 그분은 세상에 계실 때 이렇게 말씀하셨다. "내가 아버지 안에 거하고 아버지께서 내 안에 계심을 믿으라"(요 14:11), "아버지께서 내 안에 계셔서 그의 일을 하시는 것이라"(10절). 그리고 하나님 아버지께 제자들뿐만 아니라 그들의 증거를 통하여 그분을 믿게 될 사람들을 위하여 기도하셨다. "그들도 다 하나가 되어 우리 안에 있게 하사 세상으로 아버지께서 나를 보내신 것을 믿게 하옵소서"(요 17:21). 그 진실한 성품과 의로움, 아버지와 아들의 진정한 능력이 우리 안에서 실재가 되어 우리의 유산이 된다. 이것이 하나님의 목적이다. 믿음으로 우리는 그 목적을 취하고, "너희 안에 계신 이가 세상에 있는 자보다 크심이라"(요일 4:4)라는 말씀을 의식하며 살아야 한다. 성경의 목적은 우리의 경험이 하나님의 생명과 능력의 통로가 되어 놀랍고 축복된 믿음의 영역으로 우리를 옮겨 주는 것이다.

베드로는 "동일하게 보배로운 믿음"(벧후 1:2)을 받은 사람들에게 "하나님과 우리 주 예수를 앎으로 은혜와 평강이 너희에게 더욱 많을지어다"(2절)라고 선포했다. 오직 믿음의 영역 안에서 살 때 이 은혜와 평강이 증가된다. 아브라함은 하나님을 믿음으로써 "하나님의 벗"(약 2:23)이 되는 자리를 얻었다. "하나님을 믿으니 이것을 의로 여기셨다"(23절). 그의 의로움은 그가 "하나님을 믿으니"라는 기반 위에 주어졌다. 이 점이 누구에게나 적용될 수 있을까? 그렇다. 이 세상의 누구라도 믿음으로 구원받은 자는 믿음의 조상 아브라함과 함께 복을 받는다. 아브라함은 하나님을 믿음으로써 천하 만민이 그를 인하여 복을 받을 것이라는 약속을 받았다(창 18:18 참조). 우리가 하나님을 믿을 때 그 믿음의 축복이 어디까지 미칠지 알 수 없다.

어떤 사람들은 기도하면서도 그들이 기도한 내용이 그날 밤에 이루어지지 않았다면서 걱정한다. 그들은 믿는다고 하지만 불신으로 가득 차서 혼란스러워한다. 아브라함이 사라에게 한 말을 들어 보라. "사라여, 당신 안에 생명이 없고 내 속에 아무것도 없지만 하나님께서 우리에게 아들을 약속하셨기에 나는 하나님을 믿는다오." 그와 같은 믿음이 하늘에 계신 우리 아버지께 기쁨이 된다.

믿음의 관점

영국의 랭커셔(Lancashire) 지방의 베리(Bury)에서 집회를 열고 있을 때 램스버텀(Ramsbottom)이라는 동네에서 갑상선을 치유받기 위해 한 여자가 찾아왔다. 그녀는 집회에 오기 전에 자신의 어머니에게 갑상선을 치유받고 오겠다고 선포했다. 첫날 집회가 끝난 후에 그녀는 기도를 받았다. 다음 날 아침에 그녀는 놀랍게도 치유를 받았다고 간증을 하면서 집에 계신 어머니에게 이 치유에 대해 들려줄 생각을 하니 무척 기쁘다고 밝혔다.

다음 해에 열린 집회에 그녀는 다시 참석했다. 인간적인 관점에서 보면 갑상선이 이전보다 더 커졌지만 그녀는 하나님의 치유를 믿고 있었다. "내가 작년에 여기에 왔을 때 하나님께서 나를 놀랍게 치료하셨지요. 그해가 나의 생애에서 최고의 해였답니다." 그녀는 그 집회에서 크게 축복을 받은 것 같았다. 집으로 돌아가서 이전보다 더욱 담대하게 하나님께서 베푸신 치유를 증거했다.

그녀는 하나님을 믿었다. 그다음 해에도 그녀가 집회에 참석하자 사람들은 갑상선이 더욱 커진 것을 보고 수군거렸다.

그러나 그녀는 이렇게 간증했다. "이 년 전에 하나님께서 영광스럽게 나의 갑상선을 고치셨지요. 오, 나는 놀라운 치유를 경험했어요. 하나님의 능력으로 치유받은 일은 위대한 일입니다."

어떤 사람이 그녀에게 의문을 표시했다. "사람들이 당신을 좀 이상하다고 생각합니다. 거울을 보면 이전보다 더 커진 갑상선을 볼 수 있을 텐데요." 그 여자는 주님께 이 상황에 대해 이렇게 말씀드렸다. "주님께서 이 년 전에 저를 아주 놀랍게 고치셨지요. 고치신 것을 모든 사람에게 보여 주시겠어요?" 그녀는 변함없이 하나님을 믿으며 그 밤에 평화롭게 잠들었다. 다음 날 그녀에게서 갑상선을 앓았던 어떤 흔적도 찾을 수 없었다.

믿음의 거울

하나님의 말씀은 영원부터 영원까지 지속된다. 그분의 말씀은 실패하지 않으며 진실하다. 우리가 이 진실에 안식할 때 놀라운 결과를 보게 될 것이다. 믿음의 거울은 자유롭게 하는 온전한 율법이다.

자유롭게 하는 온전한 율법을 들여다보고 있는 자는 듣고 잊어버리

는 자가 아니요 실천하는 자니 이 사람은 그 행하는 일에 복을 받으리라 약 1:25

하나님의 온전한 율법을 들여다보는 자 앞에서는 모든 흑암이 옮겨 간다. 그는 그리스도 안에서 완전함을 본다. 믿음에는 흑암이 없다. 흑암은 오직 자연에만 있다. 흑암은 자연적인 것이 신적인 것을 대신할 때 발생한다.

은혜와 평화는 예수 그리스도와 하나님의 지식을 통하여 우리에게 배가된다. 우리가 진실로 하나님과 그분이 보내신 예수 그리스도를 알게 될 때 일곱 배나 뜨거운 느부갓네살의 불 속에서도 배가된 평화를 누릴 수 있다(단 3:10-30 참조). 다니엘처럼 사자 굴속에 던져진다고 해도 우리의 평화는 배가되고, 이 모든 것 가운데서 기쁨으로 살 수 있다.

다니엘이 사자 굴에 던져졌던 그 밤, 다니엘과 왕의 차이점은 무엇이었을까? 다니엘의 믿음은 확실했지만 왕의 믿음은 실험적이었다. 다음 날 아침에 왕은 다니엘을 찾아와서, "살아 계시는 하나님의 종 다니엘아 네가 항상 섬기는 네 하나님이 사자들에게서 능히 너를 구원하셨느냐"(단 6:20)라고 물었다. 다니엘은 "나의 하나님이 이미 그의 천사를 보내어 사자들의 입을 봉하셨으므로"(22절) 상하지 않았다고 대답했다. 이는 다니엘이 하늘을 향해 그의 창문을 열고 기도했을 때 이루어졌다.

우리의 승리는 우리가 싸우러 가기 이전에 이미 이루어졌다. 기도할 때 승리할 수 있다. 기도는 우리를 우리의 사랑스러운 하나님, 평강의 하나님, 풍성하신 하나님, 배가시키시는 하나님과 연결시킨다. 오, 나는 그분을 사랑한다. 그분은 지극히 놀라우신 분이시다!

거룩함은 하나님의 보화를 여는 문이다

베드로후서 1장 1-2절을 읽을 때는 이 은혜와 평강이 하나님의 지식을 통하여 증가되고, 우리의 믿음이 하나님의 의를 통하여 온다는 점에 주목해야 한다. 의로움이 먼저 오고 지식이 나중이라는 것을 유념하라. 다른 방법은 없다. 만일 당신이 거룩함을 떠나서 하나님의 어떠한 계시를 기대한다면, 단지 혼합된 무엇을 가질 수 있을 뿐이다. 거룩함은 하나님의 모든 보화를 여는 문이다. 그분은 우리가 좋은 보화들을 열기 전에 먼저 하나님을 닮으며 의를 사랑하고 불법을 미워하는(히 1:9 참조) 장소로 우리를 데리고 가신다. "마음에 죄악을 품었더라면 주께서 듣지 아니하시리라"(시 66:18). 우리가 오직 의롭게 되고 깨끗해지며 하나님의 아들의 보배로운 피로 말미암아 거룩해질 때 이 거룩함의 생명과 아들 안의 의로움으로 들어갈 수 있다. 우리의 믿음이 그분 안에 머물 때 주님의 그 의로움이 우리 안에 실재하게 되는 것이다.

내가 성령세례를 받고 난 이후에 주님께서는 복된 계시를 주셨다. 나는 아담과 하와가 불순종 때문에 에덴동산에서 쫓겨나는 것을 보았다. 그들은 더 이상 생명나무를 취할 수 없었으며, 하나님께서는 그룹과 두루 도는 화염검으로 생명나무를 지키게 하셨다. 성령세례를 받았을 때 나는 내가 이 생명나무를 먹는 것을 보았고 또한 화염검이 나무를 둘러싸고 있는 것을 보았다. 이는 마귀로부터 지키기 위함이었다. 우리가 거듭날 때 얻을 수 있는 우리의 특권은 무엇인가? 악한 것이 우리를 손대지 못하도록 그분은 경이롭게 우리를 지키신다. 나는 원수가 감히 접근하지 못하는 하나님 안의 한 장소를 보았다. 우리는 "하나님 안에 감추어졌음이라"(골 3:3). 그분은 이 감추어진 놀라운 장소로 와서 안식하라고 우리를 부르신다. 우리는 "지존자의 은밀한 곳에 거주하며 전능자의 그늘 아래에"(시 91:1) 살 것이다. 하나님께서는 당신을 위해 이 은혜의 축복된 장소를 가지고 계신다.

베드로는 이어서 이렇게 선포했다. "그의 신기한 능력으로 생명과 경건에 속한 모든 것을 우리에게 주셨으니 이는 자기의 영광과 덕으로써 우리를 부르신 이를 앎으로 말미암음이라"(벧후 1:3). 하나님께서는 이 영광과 덕의 장소 곧, 우리가 그분의 "보배롭고 지극히 큰 약속"(4절)을 양식으로 먹으며, "신의 성품에 참여하는 자"(4절)가 되는 장소로 우리를 부르신다.

오직 하나님을 믿으라

"믿음은 바라는 것들의 실상이요"(히 11:1)라는 말씀은 지금 삶의 현실을 반영한다. 하나님께서 우리에게 나누어 주기 원하시는 그분의 신적인 성품인 이 믿음은 현재의 삶이다. 주님께서는 우리의 모든 조직, 모든 핏방울, 그리고 뼈와 관절들 및 골수들이 이 신성한 생명을 받을 수 있도록 우리 몸을 소생시키신다. 또한 자연적인 육체 안으로 이 신성한 생명이 흘러 들어오기를 원하시며, "그리스도 예수 안에 있는 생명의 성령의 법"(롬 8:2)이 우리를 "죄와 사망의 법에서"(2절) 해방시키기를 원하신다.

하나님께서는 우리의 "온 영과 혼과 몸이 우리 주 예수 그리스도께서 강림하실 때에 흠 없게 보전"(살전 5:23)될 수 있도록 우리가 이 신성한 생명 곧, 하나님의 아들의 신적인 성품을 붙잡아 우리의 믿음을 세우기 원하신다.

열두 해 동안 혈루증을 앓던 여자가 치유받았을 때 예수님께서는 그 능력이 자신에게서 나간 것을 아셨다(막 5:25-34 참조). 그 여자가 샘솟는 믿음으로 주님을 붙잡자 그분의 능력이 전달되었다. 그 즉시 여자의 전 존재가 생명으로 가득 차서 병이 떠나갔다. 이 능력의 전달에 당신의 믿음이 닿아야만 원하는 모든 것을 이룰 수 있다. 믿음은 승리를 낳는다. 당신이 믿기만 하면 치유의 능력은 당신의 것이다.

나는 여러 해 동안 몸 전체가 완전히 쇠약해질 때까지 치질로 고통을 당했다. 몸에서 피가 계속 흘러나왔다. 나는 절망에 빠졌지만 한 병의 기름을 취해서 나 자신에게 부었다. 그리고 주님께 "당신이 원하시는 대로 속히 이루소서"라고 고백했다. 그 순간 치유를 받았다. 하나님께서는 우리가 오직 하나님을 믿는 믿음의 행동을 하기 원하신다. 믿음과 비슷한 그 무엇도 있고 믿음에도 갖가지 모양이 있으나 참된 믿음은 끝까지 하나님을 믿는 것이다.

스가랴와 마리아의 다른 점은 무엇인가? 천사가 스가랴에게 찾아와서, "네 아내 엘리사벳이 네게 아들을 낳아 주리니"(눅 1:13)라고 전했다. 스가랴는 성소에 있었으나 이 말을 의심했다. "내가 늙고 아내도 나이 많으니이다"(18절). 하나님의 천사 가브리엘은 그의 믿지 못함을 꾸짖었다. "보라 이 일이 되는 날까지 네가 말 못하는 자가 되어 능히 말을 못하리니 이는 네가 내 말을 믿지 아니함이거니와 때가 이르면 내 말이 이루어지리라 하더라"(20절).

천사가 마리아에게 찾아온 것과 비교해 보라. 그녀는 "주의 여종이오니 말씀대로 내게 이루어지이다"(38절)라고 고백했다.

엘리사벳은 마리아에게 "주께서 하신 말씀이 반드시 이루어지리라고 믿은 그 여자에게 복이 있도다"(45절)라고 선포했다.

하나님께서는 우리가 그분의 말씀을 이와 같은 방법으로 믿기를 원하신다. 그분은 우리가 담대한 믿음으로 이렇게 외치기를 원하신다. "주님께서 약속하신 것을 지금 행하여 주십시오." 우리가 그분을 붙잡는 믿음을 나타낼 때 그분은 기뻐하신다. 우리는 그러한 믿음의 경지까지 도달해야 한다.

승리를 원하는 믿음

주님께서 이 "영광과 덕"(벧후 1:3)으로 우리를 부르셨다. 우리가 믿음으로 그분의 약속들을 구할 때 이것이 실현되는 것을 볼 수 있을 것이다.

어느 날 나의 삼촌이 찾아와서 메리(Mary) 숙모가 죽기 전에 나를 만나기 원한다고 전했다. 숙모를 만나러 가서 보니 숙모는 확실히 죽어 가고 있었다.

나는 주님께 이렇게 말씀드렸다. "주님, 어떤 일을 행하지 않으시겠어요?" 나는 단지 손을 뻗어서 숙모의 몸에 대었다. 그런데도 그 즉시 주님의 능력과 영광스러운 감동이 임했다.

숙모는 소리를 질렀다. "주님의 능력이 나의 몸 전체에 가득해." 그날 숙모는 완전하게 건강을 회복했다.

하루는 내가 설교를 하고 있는데 한 남자가 온몸을 붕대로 감은 소년을 데리고 왔다. 소년은 걸을 수 없어서 강단 앞으로 나오기가 힘들었다. 남자는 여섯 개의 의자를 넘어서 소년을 데리고 나왔다. 주님의 치유 능력이 임했다. 내가 손을 얹자 그 능력이 소년 안으로 들어갔다. 소년은 이렇게 외쳤다. "아빠, 주님의 능력이 나의 몸 전체에 가득해요." 곧 소년의 몸에서 붕대를 풀었다. 그에게는 어떠한 문제도 없었다.

주님께서는 우리가 걸어 다니는 말씀의 편지가 되기를 원하신다. 예수님께서는 말씀 그 자체이시며, 우리 안의 능력이시다. 우리 안에서 일하시고 우리를 통하여 "자기의 기쁘신 뜻"(빌 2:13)을 이루기를 갈망하신다. 우리는 반드시 그분이 우리 안에 계심을 믿어야 한다. 우리가 하나님 안에서 행한다면, 그리고 우리의 손을 병자들에게 그분의 이름으로 얹을 때 우리를 통하여 살아 계신 하나님의 능력이 깨끗하게 치유할 것을 믿는다면(막 16:18 참조), 우리에게는 무한한 가능성이 열려 있다.

"보배롭고 지극히 큰 약속"(벧후 1:4)은 우리가 "신의 성품에 참여하는 자가 되게"(4절) 하기 위해 주어졌다. 우리가 이 사실을 알면서도 하나님을 위하여 행동하지 않을 때 성령은 근심하신다. 성령이 우리에게 넓게 열린 기회의 문을 보여 주시지 않았는가? 하나님께서는 우리를 그분의 위대한 능력의 실험 교사로 고용하셨다. 그분은 우리가 뒤에 있는 것은 잊어버리고 앞에 놓인 것을 잡도록, "푯대를 향하여 그리스도 예수 안에서 하나님이 위에서 부르신 부름의 상을 위하여 달려가노라"(빌 3:14)라는 말씀으로 우리를 부르신다.

Chapter 9

생명의 말씀

Ever Increasing
Faith

Chapter 9

생명의 말씀

아나니아라 하는 사람이 그의 아내 삽비라와 더불어 소유를 팔아 그 값에서 얼마를 감추매 그 아내도 알더라 얼마만 가져다가 사도들의 발 앞에 두니 베드로가 이르되 아나니아야 어찌하여 사탄이 네 마음에 가득하여 네가 성령을 속이고 땅 값 얼마를 감추었느냐 땅이 그대로 있을 때에는 네 땅이 아니며 판 후에도 네 마음대로 할 수가 없더냐 어찌하여 이 일을 네 마음에 두었느냐 사람에게 거짓말한 것이 아니요 하나님께로다 아나니아가 이 말을 듣고 엎드러져 혼이 떠나니 이 일을 듣는 사람이 다 크게 두려워하더라 젊은 사람들이 일어나 시신을 싸서 메고 나가 장사하니라 세 시간쯤 지나 그의 아내가 그 일어난 일을 알지 못하고 들어오니 베드로가 이르되 그 땅 판 값이 이것뿐이냐 내게 말하라 하니 이르되 예 이것뿐이라 하더라 베드로가 이르되 너희가 어찌 함께 꾀하여 주의 영을 시험하려 하느냐 보라 네 남편을 장사하고 오는 사람들의 발이 문 앞에 이르렀으니 또 너를 메어 내가리라 하니 곧 그가 베드로의 발 앞에 엎드러져 혼이 떠나는지라 젊은 사람들이 들어와 죽은 것을 보고 메어다가 그의 남편 곁에 장사하니 온 교회와 이 일을 듣는 사람들이 다 크게 두려워하니라 사도들의 손을 통하여 민간에 표적과 기사가 많이 일어나매 믿는 사람이 다 마음을 같이하여 솔로몬 행각에 모이고 그 나머지는 감히 그들과 상종하는 사람이 없으나 백성이 칭송하더라 믿고 주께로 나아오는 자가 더 많으니 남녀의 큰 무리더라 심지어 병든 사람을 메고 거리에 나가 침대와 요 위에 누이고 베드로가 지날 때에 혹 그의 그림자라도 누구에게 덮일까 바라고 예루살렘 부근의 수많은 사람들도 모여 병든 사람과 더러운 귀신에게 괴로움 받는 사람을 데리고 와서 다 나음을 얻으니라 대제사장과 그와 함께 있는 사람 즉 사두개인의 당파가 다 마음에 시기가 가득하여 일어나서 사도들을 잡아다가 옥에 가두었더니 주의 사자가 밤에 옥문을 열고 끌어내어 이르되 가서 성전에 서서 이 생명의 말씀을 다 백성에게 말하라 하매 행 5:1-20

주님께서 말씀하신 복음의 메시지 중 "이 생명의 말씀"이라는 표현에 주목하라. 이 생명은 하나님의 아들 안에 있는 가장 놀라운 믿음의 생명이다. 이는 하나님께서 늘 함께하시는 삶이다. 그분은 모든 곳에 계시며 우리 안에도 계신다. 또한 하나님의 성령이 계시하시고 나타나시는 삶이요, 주님께서 계속적으로 보이고 알려지며 느껴지고 들리는 삶이다.

즉, "사망에서 옮겨 생명으로 들어간"(요일 3:14), 죽음이 없는 삶이다. 우리 안에 바로 그 하나님의 생명이 존재한다. 그 생명은 충만하고 완전하다. 이 놀라운 생명에 대해 설명하려면 한 달도 더 걸릴 것이다. 누구든지 이 생명에 들어갈 수 있고 이 생명을 소유할 수 있다.

당신은 이 생명의 주변에 머물지라도 이를 놓칠 수 있다. 하나님께서 그분의 성령을 부으시는 장소에 있으면서도 그분이 간절하게 주기를 원하시는 축복을 놓칠 수도 있다. 이러한 현싱은 믿음의 손을 펼치셔서 모두에게 주기를 원하시는 "모든 은혜의 하나님"(벧전 5:10)에 대한 부족한 계시와 이해에서 비롯된다.

그분은 값없이 이 생명을 선물로 주셨다. 어떤 사람들은 이것을 마땅히 획득해야 하는 것으로 생각하지만 놓쳐 버리기도 한다. 오, 하나님께서 아주 후하게 제공하시는 모든 것을 받는 단순한 믿음이여! 이 생명을 위로부터 받는 그날, 당신은 결코 평범한 사람으로 머물 수 없다. 당신은 하나님의 위대한 능력이 충만한 엄청난 사람이 될 것이다.

왜 아나니아와 삽비라는 죽었는가?

아나니아와 삽비라, 그들은 하나님께서 초대 교회에 주신 놀라운 부흥 가운데에 있었는데도 이를 제대로 맛보지 못했다. 그들은 그 부흥이 실패할 수도 있다고 생각했다. 그래서 실패할 때를 대비해서 그들이 지닌 것을 약간 남겨 두기를 원했다.

오늘날 많은 사람이 그들과 같은 생각을 한다. 살면서 위기를 맞으면 하나님을 의지하고 하나님께 서약하지만 그 서약을 지키는 데 실패하여 결국 영적으로 파산하고 만다. "그의 마음에 서원한 것은 해로울지라도 변하지 아니하며"(시 15:4), 하나님께 서약한 것을 지키며, 하나님의 발 앞에 모든 것을 내려놓기를 기뻐하는 사람은 복되다. 이런 사람의 영혼은 결코 흔들리지 않는다. 하나님께서는 "네 뼈를 견고하게 하리니"(사 58:11)라고 약속하셨다. 그러한 사람은 메마름이 없이 항상 "진액이 풍족하고 빛이 청청"(시 92:14)하며, 더욱 강해진다. 모든 일에 하나님을 신뢰하며 그 어떤 일에도 망설이지 않는다. 나는 우리가 소유한 하나님께서 얼마나 위대하신 분이신지 당신이 볼 수 있기를 원한다. 아나니아와 삽비라는 하나님을 의심했다. 그분이 시작하신 일이 계속 지속될 것인지에 대해 의문을 품었다. 그들은 그들의 땅을 팔아서 약간의 영광을 얻기 원했다. 그러나 믿음이 부족하여 하나님의 일이 실패할 경우를 대비해 땅 판 것의 일부를 감추어 두었다.

많은 사람이 이 오순절 부흥이 지속될 것인지에 대해 의심한다. 당신은 오순절의 역사가 중단될 것이라고 생각하는가? 결코 그렇지 않다. 나는 지난 십오 년간 계속적인 부흥을 경험했다. 확신하건대 이것은 절대 멈추지 않을 것이다. 조지 스티븐슨(George Stephenson)은 처음으로 차를 만들어서 그의 여동생 메리(Mary)에게 보여 주었다. 메리는 그 차를 보고 결코 움직일 수 없을 거라고 말했다. 그는 메리에게 차에 타 보라고 권했다. 하지만 메리는 다시 한 번 이 차가 앞으로 갈 수 없을 거라고 단정 지었다. 조지는 "메리, 네가 타면 알게 될 거야. 일단 타"라고 말했다. 메리가 차에 오르자 조지는 시동을 걸었다. 덜컹거리고 폭폭 소리를 내며 시동이 걸렸다. 차가 움직이기 시작했다. 이때 메리는 이렇게 외쳤다. "조지, 이 차는 결코 멈추지 않을 거야."

사람들은 이 오순절 부흥을 아주 비판적으로 바라보고 있다. "이것은 결코 앞으로 가지 않을 거야." 그렇지만 그들이 이 사역 안으로 들어와 이를 경험하면 모두 "이것은 결코 멈추지 않을 거야"라고 고백한다.

방언의 통역

살아 계신 하나님의 말씀이 이것을 가져오셨다.
"어제나 오늘이나 영원토록 동일하신" 어린 양이 그 가운데에 계신다.

하나님께서는 우리 모두를 위해 무한한 자원들을 가져오셨다. 의심하지 말고 믿음의 귀로 들으라. 하나님께서 우리 안에 거하신다. 오늘 당신이 보고 듣는 것이 하나님께서 부어 주신 것임을 확신하라(행 2:33). 나는 당신이 성령의 능력으로 운행되던 초대 교회에 거짓말이 들어설 틈이 없었다는 것을 보기 원한다. 거짓이 교회 안에 들어온 순간 즉각적인 죽음이 발생했다. 이처럼 성령의 능력이 증가하는 늦은 비의 오늘날, 그 누구도 거짓말하는 영을 가지고서는 살아남을 수 없다. 하나님께서 교회를 깨끗하게 하실 것이다. 하나님의 말씀이 치유와 다른 영적 현현들의 강한 능력으로 임할 것이다. 이를 보는 모든 사람은 크게 두려워할 것이다.

인간적인 관점에서 볼 때 아나니아와 삽비라가 약간의 분량을 숨긴 일은 그저 작은 일에 불과할지도 모른다. 하지만 여기서 내가 말하고 싶은 것은, 당신이 하나님을 기쁘게 해 드리고 하나님께로부터 무언가를 받으려면 오직 살아 있는 믿음을 통해서만이 가능하다는 점이다. 하나님께서는 결코 실패하지 않으신다. 또한 결코 실수하지 않으신다.

자비로우신 치료의 하나님

내가 노르웨이의 베르겐(Bergen)에서 집회를 인도했을 때 병원에서 간호사로 일하는 젊은 여자가 집회에 참석했다. 그녀의 코에는 큰 암 덩어리가 혹처럼 달려 있어서 코가 검게 변했고 매우 부풀어 오른 상태였다.

그녀가 기도를 받으러 왔기에 나는 코가 어떤 상태인지 물어보았다. "코를 도저히 만질 수가 없어요. 정말 아파요."

나는 회중에게 이렇게 선포했다. "여러분, 이 참혹한 상태를 주목해 주십시오. 우리의 하나님께서는 자비로우시고 신실하신 분으로서 나는 하나님께서 이렇게 만드신 것이 아니라 마귀가 한 일이라고 생각합니다. 이 질병을 예수의 모든 능력의 이름으로 저주합니다. 고통이 떠나갈 것입니다. 나는 하나님께서 은혜를 보이실 것을 믿습니다. 그녀는 내일 저녁에 와서 하나님께서 그녀를 위해 하신 일을 간증할 것입니다."

오, 지독한 죄여! 오, 죄의 끔찍한 힘이여! 오, 타락의 끔찍한 결과여! 나는 암을 볼 때마다 이것이 악한 영이 한 일이라는 것을 감지한다. 절대 다른 어떤 것이 한 것이라고는 생각하지 않는다. 종양도 마찬가지다. 이것이 하나님의 역사일 수 있을까? 하나님께서 이것이 마귀의 역사라는 것을 당신에게 보여 주시기를 원한다. 더불어 **빠져나갈** 길도 알려 주시기를 원한다.

나는 죄 지은 사람을 비난하거나 꾸짖지 않는다. 죄의 뒤에 무엇이 있는지 알기 때문이다. 마귀는 "우는 사자 같이 두루 다니며 항상 삼킬 자를"(벧전 5:8) 찾는다. 주 예수 그리스도께서는 언제나 인내와 사랑으로 우리를 대하신다. 사람들이 간음하다 현장에서 잡힌 여자를 예수님께 데리고 왔을 때 그분은 단지 몸을 구부려 땅에다 글을 쓰셨다. 그러고 나서 조용히 말씀하셨다. "너희 중에 죄 없는 자가 먼저 돌로 치라"(요 8:7). 나는 죄 없는 사람을 결코 본 적이 없다. "모든 사람이 죄를 범하였으매 하나님의 영광에 이르지 못하더니"(롬 3:23). 그러나 우리에게 복된 소식의 말씀도 있다. "여호와께서는 우리 모두의 죄악을 그에게 담당시키셨도다"(사 53:6).

나는 악하게 진행되는 상황을 보면 마땅히 나의 위치에서 그 상황을 꾸짖는다. 고통스러워하는 간호사의 코에 내 손을 얹고 그녀를 괴롭히는 악한 영을 저주했다. 집회 장소는 사람들이 가득 차 있어서 한 사람도 더 들어올 틈이 없는 것처럼 보였다. 그 날 우리 모두에게 하나님의 은혜의 비가 얼마나 많이 내렸는지 모른다. 은혜가 충만하시고 사랑이 풍성하신 좋으신 하나님! 다음 날 간호사는 앞으로 나와서 하나님께서 그녀에게 무엇을 행하셨는지 우리에게 보여 주었다. 그분은 그녀를 완전하게 고치셨다. 그분은 변함없이 동일하신 분이시다(히 13:8 참조). 당신이 오직 하나님을 믿는다면 능히 하지 못할 일이 없다(막 9:23 참조).

교회의 성장과 수많은 치유

하나님의 능력이 매우 강력하게 초대 교회 위에 임했을 때 아나니아와 삽비라의 사건이 일어났다. 모든 사람은 큰 두려움을 느꼈다. 우리가 하나님의 임재 안에 있을 때, 그리고 하나님께서 우리 안에서 강력하게 일하실 때, 삶 속에 거룩함과 순결함, 경외심과 큰 두려움(즉, 하나님을 불쾌하게 하는 것에 대한 두려움)이 생긴다. 우리가 사람들을 상대하지 않을지라도 하나님께서는 "구원 받는 사람을 날마다 더하게"(행 2:47) 하셨다. 나는 우리 오순절 교회에 들어오셨던 것보다 더 깊게 하나님께서 모든 도시에 들어가시기를 바란다. 하나님께서는 그분의 교회에 날마다 부흥을 더하셨다.

사도행전 5장을 보면 사람들은 하나님께서 일하신다는 것과 그분 앞에서는 무엇이든지 가능하다는 확신을 지니고 병자들을 메고 왔다. "거리에 나가 침대와 요 위에 누이고 베드로가 지날 때에 혹 그의 그림자라도 누구에게 덮일까 바라고"(행 5:15) 온 것이다.

수많은 병자와 더러운 귀신이 들려 고통당하는 사람들이 사도들에게 나아왔다. 하나님께서는 그들을 모두 치유하셨다. 나는 베드로의 그림자가 그들을 치유한 것이 아니라 하나님의 능력이 강력하게 임해서 사람들의 믿음이 불 일듯 일어나 그분을 믿는 일에 연합되었기 때문에 치유받았다고 믿는다. 하나님께서는 항상 믿음의 기반 위에서 사람들을 만나신다.

노르웨이와 아일랜드에서의 부흥

하나님의 임재의 파도가 온 세상에 밀려온다. 노르웨이의 스타방에르(Stavanger)에 집회를 인도하러 갔는데 무척 피곤해서 몇 시간 동안 쉬기로 했다. 오전 9시 30분에 도착했기에 첫 집회인 저녁 집회까지 여유가 있었다. 나는 통역사에게 식사를 한 후에 바닷가에 가자고 제안했다. 우리는 서너 시간 동안 바닷가에서 휴식을 취한 후에 4시 30분쯤 돌아왔다. 오는 길에 보니 길거리에 서 있는 자동차들과 승합차들 안에 병자들이 가득했다. 내가 묵을 숙소 역시 이미 병자들로 가득 차 있었다.

이 상황은 사도행전 5장에 묘사된 광경을 연상하게 했다. 나는 거리에서 사람들을 위해 기도했다. 하나님께서 그들을 모두 치유하셨다. 그분은 놀랍게도 숙소에 있던 사람들까지도 치유하셨다.

식사를 하려고 앉았을 때 전화가 걸려 왔다. "마을 회관이 벌써 가득 찼어요. 경찰들이 통제를 못하고 있답니다."

그 작은 노르웨이의 마을이 가득 차도록 많은 사람이 모여들었다. 오, 우리에게 하나님의 능력이 얼마나 많이 내려왔던가? "이것이 부흥인가?"라는 외침이 여기저기서 들렸다. 부흥이 오고 있었다. 전능자의 생명이 오고 있었다. 하나님의 생명이 강물처럼 흘러와 모든 결함을 드러내면 모든 사람은 신선한 기름 부음과 보혈의 정결하게 하는 능력이 필요하다. 우리가 이 사실에 의지하며 나아갈 때 그 생명은 반드시 우리에게 임한다.

아일랜드에서 집회를 했을 때도 많은 병자와 몸을 움직이지 못하는 사람들이 실려 왔다. 그들은 모두 성령세례를 구했다. 그중에는 수년간 성령세례를 구하며 기도하는 사람들도 있었다. 또한 강력한 확신을 품고 참석한 사람들도 있었다. 하나님의 생명이 그 집회를 휩쓸었다. 십여 분도 지나지 않아 그 장소의 모든 죄인이 구원을 받았다.

성령을 구하던 모든 사람이 세례를 받았고 모든 병자가 치유되었다. 하나님께서는 실재하시며, 그분의 능력에는 결코 실패가 없다. 우리의 믿음이 닿을 때 하나님께서 우리를 만나 주시며 지금과 동일한 성령의 비가 내릴 것이다. 동일한 보혈이 우리를 깨끗하게 하며 동일한 능력과 동일한 성령, 그리고 동일한 예수님께서 성령의 능력을 통하여 우리에게 나타나실 것이다. 우리가 하나님을 믿을 때 과연 무슨 일이 일어날 것인가?

바로 지금 주 예수 그리스도의 보배로운 보혈이 당신의 마음을 정결하게 하고, 당신 안에 하나님의 놀라운 생명을 심는다. 당신이 오직 믿기만 하면 그 보혈이 당신의 작은 부분 하나하나까지 완전하게 만들 것이다. 성경은 그분의 은혜와 능력과 힘과 의로움, 그리고 충만한 구속을 받으라고 우리에게 권고한다. 그분은 우리의 간구를 결코 외면하지 않으신다.

다리를 저는 남자와 그의 아들

이 년 동안 침대에만 누워 있었으며 회복될 가능성이 전혀 없는, 다리를 저는 남자가 집회에 참석했다. 그는 삼십 마일이나 침대에 실려서 왔는데 양쪽에 목발을 짚고 기도를 받으러 나왔다. 그의 아들도 역시 무릎 통증으로 목발에 의지해서 걸어야 했다. 그 남자의 얼굴은 심한 고통으로 일그러져 있었다. 그러나 주님께는 치유의 능력이 있다. 우리가 그분을 믿고 구하면 그분은 결코 치유에 실패하지 않으신다. 나는 예수의 이름(매우 충만한 능력의 이름)으로 심하게 병든 그의 다리에 손을 얹었다. 그러자 그는 목발을 집어 던지더니 사람들의 도움 없이 혼자 걸어 다녔다. 그 모습을 보고 모든 사람이 깜짝 놀랐다. 그의 아들이 이렇게 소리쳤다. "아빠, 저도요. 아빠, 저도요. 저도요!" 무릎 통증으로 걷지 못하는 어린 소년은 기도를 받기 원했다. 그곳에 동일하신 예수님께서 계셔서 포로 된 어린 소년에게 참된 자유를 가져다주셨다.

그의 다리가 치유되었다. 하나님께서 그분의 강력한 능력을 고통당하는 다리를 고쳐 주시기 위해 베푸셨다면, 영원히 존재하는 당신의 영혼을 위해서 그분이 베푸시는 자비는 과연 무엇일지 생각해 보라.

> 주의 성령이 내게 임하셨으니 이는 가난한 자에게 복음을 전하게 하시려고 내게 기름을 부으시고 나를 보내사 포로 된 자에게 자유를, 눈 먼 자에게 다시 보게 함을 전파하며 눌린 자를 자유롭게 하고 눅 4:18

그분이 당신에게 "수고하고 무거운 짐 진 자들아 다 내게로 오라 내가 너희를 쉬게 하리라"(마 11:28)라고 초청하신다. 하나님께서 그분의 큰 자비 안에서 전능함과 생명의 능력으로 당신의 몸을 만지고 치유하기를 원하신다면, 그분이 얼마나 더 간절히 당신을 대적의 세력에서 구출하셔서 왕의 자녀로 삼기를 원하시겠는가! 우리에게는 육체의 병보다 영혼의 질병을 치유받는 일이 더욱 중요하다.

범죄한 한 청년

런던 시를 걷던 중에 오순절 선교 연합회의 총무인 문델(Mundell) 씨를 만났다. 그는 부모가 솔즈베리(Salisbury)에 사는 한 청년을 방문하자고 하면서 3시 30분에 다시 만나자고 했다. 부모는 이 청년을 런던으로 보내 집안의 사업을 맡겼다. 그는 주일 학교의 교사로도 성실히 일했었는데 사업에서 배반을 당하자 곧 절망하여 타락하고 말았다. 죄는 참혹하며, 그 "죄의 삯은 사망"(롬 6:23)이다. 그러나 그다음 문장을 찾아보라. "하나님의 은사는 그리스도 예수 우리 주 안에 있는 영생이니라"(23절).

이 청년은 큰 절망에 빠져 있었다. 그는 무서운 질병에 걸려서 죽음에 직면한 상태였다. 그는 다른 사람과 대화하는 것을 두려워했다. 부모는 이 모습을 보고 말할 수 없는 근심으로 고통을 받았다. 우리가 그의 집에 도착했을 때 문델 씨가 기도를 드리자고 제안했다. 그러나 나는 이렇게 말했다. "하나님께서 아직 말씀하지 않으세요. 아직은 기도할 때가 아닙니다. 내가 성경 구절을 인용하겠어요." "미련한 자들은 그들의 죄악의 길을 따르고 그들의 악을 범하기 때문에 고난을 받아 그들은 그들의 모든 음식물을 싫어하게 되어 사망의 문에 이르렀도다"(시 107:17-18).

그때 청년이 "나는 그렇게 미련하답니다"라고 외쳤다. 그는 깨어져서 자신이 타락한 이야기를 우리에게 들려주었다. 우리가 단지 우리의 죄를 고백하고 회개하기만 한다면 하나님께서는 그분의 손을 내밀어 치유하시고 구원을 베푸신다. 그 청년이 회개한 그 순간 큰 종기가 저절로 터졌다. 하나님께서 그의 삶 가운데에 능력을 보내셔서 그를 강력하게 해방시키셨다.

하나님께서는 은혜로우시다. 그분은 "아무도 멸망하지"(벧후 3:9) 않기를 원하신다. 얼마나 많은 사람이 그들의 죄로부터 깨끗하게 단절되기를 원하는가? 당신이 그 일을 원하는 순간 하나님께서 하늘을 여실 것이다. 당신이 오늘 "지존자의 은밀한 곳"(시 91:1)으로 피한다면 그분은 당신의 영혼을 구원하시고 당신의 질병을 치유하신다. 그분은 당신을 장수하게 함으로 만족하게 하며, 그분의 구원을 보이신다(16절 참조). "주의 앞에는 충만한 기쁨이 있고 주의 오른쪽에는 영원한 즐거움이 있나이다"(시 16:11). 하나님의 아들의 보배로운 보혈을 통하여 모든 사람에게 충만한 구속이 임한다.

Ever Increasing Faith

Chapter 10

성령 안의 생명

Ever Increasing
Faith

Chapter 10

성령 안의 생명

우리가 다시 자천하기를 시작하겠느냐 우리가 어찌 어떤 사람처럼 추천서를 너희에게 부치거나 혹은 너희에게 받거나 할 필요가 있느냐 너희는 우리의 편지라 우리 마음에 썼고 뭇 사람이 알고 읽는 바라 너희는 우리로 말미암아 나타난 그리스도의 편지니 이는 먹으로 쓴 것이 아니요 오직 살아 계신 하나님의 영으로 쓴 것이며 또 돌판에 쓴 것이 아니요 오직 육의 마음판에 쓴 것이라 우리가 그리스도로 말미암아 하나님을 향하여 이같은 확신이 있으니 우리가 무슨 일이든지 우리에게서 난 것 같이 스스로 만족할 것이 아니니 우리의 만족은 오직 하나님으로부터 나느니라 그가 또한 우리를 새 언약의 일꾼 되기에 만족하게 하셨으니 율법 조문으로 하지 아니하고 오직 영으로 함이니 율법 조문은 죽이는 것이요 영은 살리는 것이니라 돌에 써서 새긴 죽게 하는 율법 조문의 직분도 영광이 있어 이스라엘 자손들은 모세의 얼굴의 없어질 영광 때문에도 그 얼굴을 주목하지 못하였거든 하물며 영의 직분은 더욱 영광이 있지 아니하겠느냐 정죄의 직분도 영광이 있은즉 의의 직분은 영광이 더욱 넘치리라 영광되었던 것이 더 큰 영광으로 말미암아 이에 영광될 것이 없으나 없어질 것도 영광으로 말미암았은즉 길이 있을 것은 더욱 영광 가운데 있느니라 우리가 이 같은 소망이 있으므로 담대히 말하노니 우리는 모세가 이스라엘 자손들에게 장차 없어질 것의 결국을 주목하지 못하게 하려고 수건을 그 얼굴에 쓴 것 같이 아니하노라 그러나 그들의 마음이 완고하여 오늘까지도 구약을 읽을 때에 그 수건이 벗겨지지 아니하고 있으니 그 수건은 그리스도 안에서 없어질 것이라 오늘까지 모세의 글을 읽을 때에 수건이 그 마음을 덮었도다 그러나 언제든지 주께로 돌아가면 그 수건이 벗겨지리라 주는 영이시니 주의 영이 계신 곳에는 자유가 있느니라 우리가 다 수건을 벗은 얼굴로 거울을 보는 것 같이 주의 영광을 보매 그와 같은 형상으로 변화하여 영광에서 영광에 이르니 곧 주의 영으로 말미암음이니라 고후 3:1-18

히브리서 6장 1-2절을 보자. "그러므로 우리가 그리스도의 도의 초보를 버리고 죽은 행실을 회개함과 하나님께 대한 신앙과

세례들과 안수와 죽은 자의 부활과 영원한 심판에 관한 교훈의 터를 다시 닦지 말고 완전한 데로 나아갈지니라."

집을 계속 허물어뜨리고 매번 새 기초를 다시 놓는 건축가를 본다면 어떤 생각이 들겠는가? 만일 당신의 삶에 하나님의 능력이 임하기를 원한다면 결코 뒤를 돌아보지 말라. 당신이 자신을 평가하느라 자꾸 뒤돌아본다면 하나님께서 당신을 향해 계획하신 것들을 놓쳐 버릴 수밖에 없다.

성령은 이미 해방된 죄와 사망의 법으로 결코 돌이켜서는 안 된다고 우리에게 말씀하신다(롬 8:2 참조). 하나님께서는 우리를 그리스도 예수 안에 있는 사랑과 자유의 생명 곧, 새로운 것들의 질서로 이끄신다. 이는 인간의 이해를 뛰어넘는 일이다. 많은 사람이 성령의 능력을 통하여 이 새로운 생명으로 들어왔지만, 갈라디아 사람들처럼 처음에는 달음질을 잘 하다가 나중에는 율법을 통하여 자신들을 완전하게 하려고 시도한다(갈 3:1-3; 5:7 참조). 그들은 성령 안의 삶에서 돌이켜 자연적인 행렬을 따르는 삶으로 간 것이다.

하나님께서는 이를 기뻐하지 않으신다. 왜냐하면 그분에게는 비전을 잃어버린 사람을 위한 자리가 없기 때문이다. 이때 우리가 해야 할 일은 오직 회개뿐이다. 그 무엇도 은폐하려고 시도하지 말라. 만일 당신이 어떤 영역에서 실패하고 무너졌다면 이를 고백하라. 그리고 나서 당신의 발걸음을 성령 안에 머무는 믿음의 공고한 장소로 옮기시도록 하나님을 바라보라.

하나님의 자녀가 되는 기쁨

우리는 모두 마땅히 "구원은 여호와께 속하였나이다"(욘 2:9)라는 확실한 신념을 가져야 한다. 구원은 어떤 인간적인 질서 그 이상의 것이다. 만일 대적이 당신을 믿음의 장소에서 옮길 수 있다면 하나님의 계획 밖으로도 밀어낼 수 있을 것이다. 인간이 타락한 순간 신적인 삶은 멈추고 무력해지고 말았다. 그러나 이것은 그분의 자녀를 향한 하나님의 계획이 아니다.

요한일서 3장을 읽고 당신이 지닌 하나님의 자녀의 자격을 취하라. 당신이 하나님의 자녀라는 사실은 당신의 소망이 그리스도 안에 놓여 있기에 마땅히 당신의 삶을 정결하게 하도록 영향을 끼친다. 성령은 "하나님께로부터 난 자마다 죄를 짓지 아니하나니 이는 하나님의 씨가 그의 속에 거함이요 그도 범죄하지 못하는 것은 하나님께로부터 났음이라"(요일 3:9)라고 선포하셨다. 말씀의 씨앗 속에 생명과 능력이 심겨져 있다.

하나님께서는 "범죄하지 못하는 것" 속에 계시고, 어떤 인간보다 더한 능력이 그분의 말씀 안에 존재한다. 그분은 우리가 예수 그리스도로 말미암아 생명을 지배하기 원하신다(롬 5:17 참조). 당신은 하나님 안에서 당신이 얼마나 놀라운 존재인지, 또한 당신 스스로는 얼마나 무력한 존재인지를 반드시 알아야 한다.

그분이 하늘에서 모든 흑암의 세력을 쫓아내셨을 때 이는 모든 반대하는 세력보다 더 강력하신 분임을 선포하신 것이다. 나는 당신이 하늘에서 마귀를 쫓아내신 그 동일한 능력이 하나님께로부터 난 모든 사람 안에 거한다는 것을 알기 원한다. 당신이 이 사실을 제대로 인식한다면 당신은 "생명 안에서 왕 노릇"(17절) 할 수 있다. 사람들이 귀신의 능력에 굴복하거나 귀신의 능력이 나타나는 것을 볼 때면 이렇게 질문하라. "예수 그리스도께서 육체로 오셨는가?"(요일 4:2 참조)

나는 귀신이 이를 시인하는 것을 결코 보지 못했다(2-3절 참조). 당신에게 귀신을 처리하는 능력이 있다면 그것을 쫓아내는 능력도 있다. 이 사실을 믿고 행하라. 왜냐하면 "너희 안에 계신 이가 세상에 있는 자보다"(4절) 크시기 때문이다. 하나님께서는 당신 안에 능력을 불어넣어 주셔서 당신이 마귀를 정복하고 쳐부술 수 있도록 도와주신다.

시험에 승리하라

시험은 누구에게나 닥쳐온다. 당신이 시험받을 필요가 없다고 생각한다면 어쩌면 당신은 가치가 거의 없는 사람일 수도 있다. 욥은 "그가 나를 단련하신 후에는 내가 순금 같이 되어 나오리라"(욥 23:10)라고 고백했다. 주님께서 당신을 모든 시험 중에 철저하게 시험하도록 허락해 드리라. 당신이 순종하며 걸어간다면 주님께서는 결코 당신을 패배하도록 그냥 두지 않으실 것이다. 시험의 한가운데서 그분은 항상 "피할 길을"(고전 10:13) 내신다.

방언의 통역

하나님께서 오셔서 그분의 능력으로
거짓된 피난처와 모든 흑암의 능력을 쓸어버리시고
당신을 그리스도 예수 안에서 항상 승리하도록 하실 것이다.
주님께서는 그분의 성도들을 사랑하시기에
전능하신 그분의 날개로 덮으신다.

하나님께서 우리가 이 진리를 볼 수 있도록 도와주시기를 바란다. 우리가 시험 앞에서 준비되고 승리할 수 있을 때까지는 "그의 영광의 찬송"(엡 1:12)이 되지 못한다. 우리는 죄가 본성에 의해 들어온다는 사실을 알고 있지만, 하나님께서는 우리의 본성에 들어오셔서 죄를 죽음의 자리에 두신다. 이는 하나님의 성령이 그분의 모든 능력과 자유함으로 성전에 들어오실 수 있도록, 그리고 현재의 악한 세상에서 믿는 자들이 마귀를 쫓아낼 수 있도록 하시기 위함이다.

우리의 마음 안에서 역사하시는 성령

사탄은 언제나 성도들을 헐뜯는 고소들을 발설함으로써 하나님의 성도들의 평판을 떨어뜨리려고 하지만 성령은 성도들을 결코 정죄하지 않으신다. 그분은 항상 그리스도의 보혈을 계시하신다. 또한 항상 우리를 도와주신다. 주 예수님께서는 성령을 "또 다른 보혜사"(위로자)(요 14:16)로 언급하셨다. 성령은 시험과 시련의 때에 언제나 우리 가까이에서 도와주신다. 성령이야말로 그리스도의 교회를 들어 올리는 능력이시다.

바울은 우리가 "그리스도의 편지니 이는 먹으로 쓴 것이 아니요 오직 살아 계신 하나님의 영으로 쓴 것이며 또 돌판에 쓴 것이 아니요 오직 육의 마음판에 쓴 것이라"(고후 3:3)라고 선포했다. 성령은 우리의 마음 가운데 즉, 인간의 감정의 깊은 곳에서 일을 시작하신다. 우리의 마음 깊은 곳에서부터 지속적으로 찬양이 올라올 수 있도록 그리스도의 계시를 풍성하게 가지고 오셔서 그곳에 청결하고 거룩하게 심으신다.

성령이 우리를 그리스도의 편지로 만드실 것이며, 언제나 주 예수님께서 우리의 구속자이시고 하나님 앞에서 죽임 당하신 어린 양이심을 선포하게 하실 것이다. 하나님께서는 결코 그 계시를 파기하지 않으신다. 죽임 당하신 어린 양의 완전한 보상으로 인하여 구원과 치유와 모든 것에 대한 해방이 임한다. 어떤 사람들은 오직 한 번만 정결함을 받으면 된다고 생각하지만, 예수 그리스도의 보혈은 우리가 빛 가운데에서 걸어갈 수 있도록 우리를 항상 깨끗하게 지켜 준다(요일 1:7 참조).

그리스도의 그 생명(완전한 생명)이 우리 안에 자리를 잡고 운행하신다. 우리가 이 생명의 능력을 볼 수 있도록 주님께서 도와주시기를 원한다. 성경은 "우리의 연수가 칠십이요 강건하면 팔십"(시 90:10)이라고 밝힌다. 자연적인 이치로 보면 나의 생명은 칠 년 후에 끝나겠지만 나는 결코 끝나지 않는 새로운 생명을 얻었다. "영원부터 영원까지 주는 하나님이시니이다"(2절). 이는 새로 들어온 생명으로, 이 생명에는 끝이 없다. 내 안에서 역사하는 능력은 그 어떤 능력보다 강하다. 그리스도, 그 능력의 하나님께서 내 안에서 형상화되셨다. 우리는 왜 하늘로부터 덧입힘을 받아야 하는가? 내 안에 있는 생명은 밖에 있는 것보다 천 배나 크기 때문이다. 거기에는 엄청난 확장이 존재한다. 이 생명은 자연적으로는 이해할 수 없다. 자연의 이치로는 하나님의 계획을 절대로 이해할 수 없다.

모든 것에 넉넉하신 우리의 하나님

"우리가 무슨 일이든지 우리에게서 난 것 같이 스스로 만족할 것이 아니니 우리의 만족은 오직 하나님으로부터 나느니라"(고후 3:5). 우리는 사물의 옛 질서를 버려야 한다. 만일 우리가 되돌아간다면 하나님의 계획을 놓쳐 버리고 만다. 우리는 결코 육체를 신뢰할 수 없고(빌 3:3 참조), 그것에 손댈 수 없다. 우리는 새로운 영적 질서에 속해 있다. 이는 모든 것에 넉넉하신 우리의 하나님 안에 있는 절대적인 믿음의 새로운 생명 곧, "생명과 경건"(벧후 1:3)이다.

우리는 결코 옛 자리로 돌아갈 수 없고 제칠일안식일예수재림교회에 속할 수 없으니 왜냐하면 우리 안에 그 법이 없기 때문이다. 우리는 자유롭지만 동시에 바울과 같이 주님을 어떤 일에도 근심스럽게 할 수 없도록 성령에 매였다(행 20:22 참조).

더 나아가 바울은 하나님께서 "그가 또한 우리를 새 언약의 일꾼 되기에 만족하게 하셨으니 율법 조문으로 하지 아니하고 오직 영으로 함이니 율법 조문은 죽이는 것이요 영은 살리는 것이니라"(고후 3:6)라고 밝힌다. 누구든지 율법에 따라 살다 보면 심령이 말라 가고, 수다스러워질 수 있으며, 영적 진리의 지식을 제한한 채 쓸데없이 사소한 것에 시간을 허비할 수 있다. 그러나 영적 영역에 닿자마자 모든 건조함은 사라지고 비판의 영도 떠나간다.

성령 안의 생명에는 분리가 있을 수 없다. 하나님의 성령이 그러한 유연성과 사랑을 가지고 오신다. 성령 안에 있는 사랑과 같은 사랑은 없다. 이는 성령으로 말미암아 우리 마음속에 부어진 순결하고 거룩한 하나님의 사랑이다(롬 5:5 참조). 이 사랑은 우리가 주님을 섬기고 공경하게 해 준다.

삶을 변화시키는 성령의 능력

나는 지난 십오 년간 성령세례가 내게 어떤 의미인지 전혀 짐작할 수 없었다. 매해가 삼 년이 묶여진 것처럼 느껴져서 1907년부터 사십오 년간 행복한 사역을 했다. 삶은 나날이 더욱 좋아지고 있다. 성령으로 충만해지는 일은 유쾌한 일이며 동시에 우리를 향한 신적인 명령이다. "술 취하지 말라 이는 방탕한 것이니 오직 성령으로 충만함을 받으라"(엡 5:18). 어느 오순절파 사람이라도 성령에 취하지 않고서는 침대에서 나올 수 없으며, 성령이 발성을 주시면 방언을 말하지 않을 수 없다. 어느 누구도 방언을 말하거나 시나 찬미를 드리지 않고서는 교회 문으로 나올 수 없다(고전 14:26 참조).

성령의 들어오심에 관하여 내가 강조하는 바는 성령은 그분에게 복종하는 성도들을 충분히 충만하게 하신다는 것이다. 어느 누구도 성령이 말하게 하심을 따라 방언을 말하지 않고는 성령세례를 받았다고 할 수 없다.

지속적인 충만으로 아침과 정오와 밤에도 방언을 말하라. 당신이 성령 안에서 살 때 마귀는 도망갈 것이다. 당신은 마귀를 넉넉히 이길 수 있다(롬 8:37 참조).

나는 무슨 일이든지 성령이 개입하시지 않은 일은 실패라고 본다. 성령 안에서 살게 되면 움직이고 행동하며 먹고 마시고 무엇을 하든지 하나님의 영광을 위하여 한다(고전 10:31 참조). 이 말씀을 붙들라. "성령으로 충만하라." 이것이 당신을 향한 하나님의 장소요, 하늘이 땅 위에서 멀리 떨어져 있는 것처럼 자연적인 삶과는 멀리 떨어진 삶이다. 하나님께서 당신을 충만하게 하실 수 있도록 당신 자신을 드리라.

놀라운 새 언약

이스라엘 백성은 모세를 지독하게 시험했다. 그들은 항상 문제를 일으켰다. 모세가 산에 올라갔을 때 하나님께서 그에게 십계명을 내리셨고 영광이 펼쳐졌다. 그가 산에서 기쁨으로 그 두 돌비를 들고 내려올 때는 그의 얼굴까지도 영광으로 빛났다. 모세가 들고 온 계명은 이스라엘이 복종하면 생명을 가져다주는 계명이었다.

율법은 모세에 의해 영광스럽게 주어졌으나 그 영광은 예수님께서 생명의 성령 안에서 우리에게 가져오신 탁월한 영광 앞에서 빛을 잃었다. 시내 산의 영광은 오순절의 영광 앞에서 희미해졌다. "너희는 하지 말지어다"라는 계명은 어느 누구에게도 생명을 가져다주지 못했다. 주님께서는 그분의 새로운 언약을 우리의 속에 두며 우리의 마음에 기록하셨다(렘 31:33 참조). 이는 새로운 "생명의 성령의 법"(롬 8:2)이다. 성령이 우리 안에 들어오시면 우리가 기쁨으로 환호할 정도로 사랑과 자유를 충만하게 하신다.

"없어질 것! 없어질 것!"(고후 3:11) 이제부터는 마음속으로 이렇게 외치라. "나의 하나님이여 내가 주의 뜻 행하기를 즐기오니"(시 40:8), "그 첫째 것을 폐하심은 둘째 것을 세우려 하심이라"(히 10:9). 다른 말로 하자면, 그분이 성령 안의 이 생명 곧, "의의 직분"(고후 3:9)을 세우시려고 "돌에 써서 새긴 죽게 하는 율법 조문의 직분"(7절)을 가져가신다는 것이다.

그렇다면 성령으로 충만한 사람들은 계명들을 지키기를 중단했는가? 이에 대해 성령은 이 "돌에 써서 새긴 죽게 하는 율법 조문의 직분"(당신이 아는 돌판 위에 기록된 십계명)은 "없어질 것"(고후 3:11)이라고 대답하신다. 살아 계신 하나님의 성령으로 기록된 서신이 된 사람들은 간음과 살인과 탐욕적인 삶을 중단했다. 하나님의 뜻이 그들의 기쁨이다. 나는 하나님의 뜻대로 행하는 것을 사랑한다. 이것은 찬 곳은 어둡게, 더운 곳은 밝게 비치는 적외선 장치가 아니다. 기도하는 일이 시련이 아니요, 하나님의 말씀을 읽는 일이 문제가 되지 않는다. 또한 예배 장소로 가는 일이 어렵게 느껴지지 않는다. "사람이 내게 말하기를 여호와의 집에 올라가자 할 때에 내가 기뻐하였도다"(시 122:1).

하나님께서 우리 안에서 거하시고 그분의 기쁘신 뜻을 위하여 우리에게 소원을 두고 행하게 하시므로(빌 2:13 참조) 우리가 이 새로운 삶을 살 수 있다. 펌프와 샘은 크게 다르다. 율법이 펌프라면 성령세례는 샘이다. 펌프가 오래되면 부속품이 닳아서 망가지기 마련이다. 그러면 펌프 안의 물도 말라 버린다. 그러나 샘물은 언제나 다시 솟아오르며 하나님의 보좌로부터 끊임없이 흘러나온다.

"왕은 정의를 사랑하고 악을 미워하시니"(시 45:7). 성령의 새 생명 안에서, 새 언약의 생명 안에서 당신은 바르고 순결하며 거룩한 것을 사랑하고, 모든 잘못된 것을 멀리하게 된다. 예수님께서는 이렇게 말씀하셨다. "이 세상의 임금이 오겠음이라 그러나 저는 내게 관계할 것이 없으니"(요 14:30). 우리가 성령으로 충만하면 그 순간 이처럼 놀라운 상태 속으로 들어간다. 우리가 계속 성령으로 충만하면 우리 안의 대적은 단 일 인치의 영역도 가질 수 없다.

죄에 대한 자각

당신이 성령으로 충만해졌을 때 바르게 살지 않던 사람이 당신을 보면서 자신의 죄를 자각할 수도 있다는 사실을 믿을 수 있는가? 우리가 성령 안에서 계속 살아가면 "그의 눈은 망령된 자를 멸시"(시 15:4)하게 된다. 예수님께서는 이 영역으로 이동하여 그 안에서 사셨다. 그분의 삶은 주변의 악한 자들에게 계속적으로 책망이 되었다. "그러나 그분은 하나님의 아들이지 않은가?"라고 물을지도 모른다. 하나님께서는 그분을 통하여 우리를 자녀의 위치로 격상시키셨다. 성령이 우리 안에서 일을 하시면 우리를 특별하게 만드셔서 우리를 예수님과 동일한 위치로 데려가신다.

나는 자랑하는 것을 원하지 않는다. 만일 내가 어떤 것에 영광을 돌린다면 이것은 오직 나에게 매우 은혜로우신 주님 안에서 할 뿐이다(고전 1:31 참조). 한번은 아일랜드의 집회에 참석하려고 기차를 타고 가다가 손을 씻으려고 잠깐 자리를 비웠다. 나는 그 짧은 시간에 기도를 드렸는데 주님께서는 곧바로 그분의 사랑으로 나를 넘치도록 채우셨다. 내 자리로 돌아왔을 때 주님의 성령이 내 위에 아주 강하게 임하셔서 내 얼굴에서 빛이 나는 것 같았다(성령이 사람의 안색을 변화시키시면 그 사람은 그것을 제대로 표현할 수 없다). 나와 동행하던 두 명의 성직자 중 한 사람이 이렇게 소리쳤다. "당신이 내 죄를 자각하게 했소." 삼 분도 채 지나지 않아 기차 안의 모든 사람이 하나님께 구원을 구했다. 이러한 일이 나의 삶에서 여러 번 일어났다. 이것이 바울이 말한 "영의 직분"(고후 3:8)이다. 이 성령 충만함으로 말미암아 당신의 존재가 상점에서 쇼핑하는 사람들에게까지 그 영향력을 끼쳐 그들의 죄를 자각하게 할 만큼 능력 있는 삶을 영위하게 할 것이다. 우리는 마땅히 "율법 조문"(6절) 즉, 율법에 관계하는 것에서 벗어나야 한다. 모든 일을 성령의 기름 부음 아래에서 행해야 한다. 우리 오순절파 사람들은 율법 가운데서 살아왔다. 바울을 통해 성령이 하신 말씀을 믿으라. 이 모든 "정죄의 직분"(9절) 곧, 그리스도 안에서 자유를 방해했던 것은 처리되었다. 율법은 폐하여졌다. 당신에 관하여 말하자면, 옛것의 질서는 영원히 없어졌으며 하나님의 성령이 순결함과 사랑의 새 생명 안으로 당신을 초대하셨다. 성령은 당신이 그리스도 안에서 새로운 피조물이 되었을 때 당연히 모든 옛 생활을 버렸다고 여기신다. 성령 안에서의 삶에서는 예전의 유혹이 힘을 잃어버린다. 당신은 사탄을 어디에서나 만날 수 있지만 하나님의 성령이 항상 "그 기운에 몰려 급히 흐르는 강물 같이 오실 것임이로다"(사 59:19).

오, 만일 우리가 하나님의 길을 간다면 어디를 가든지 그곳을 깨끗하게 하고 악한 자의 세력을 물리치는 횃불과 같은 역할을 할 것이다.

방언의 통역

"주님께서는 영이시다."
그분은 당신의 마음속에서 역사하신다.
그래서 당신 안에 있는 능력이 흑암의 세력보다 강력하다는 것을
당신에게 보이신다.

내가 앞에서 "율법은 폐하여졌다"라고 언급한 것은 무슨 의미일까? 당신에게 충성하지 말라고 말한 것인가? 아니다. 당신은 더욱 충성스러워질 것이다. 나쁘게 평가받았을 때 불평하지 않고 오히려 다른 뺨도 돌려 댈 것이다(마 5:39 참조). 당신 안에 하나님께서 살아 계시므로 당신은 이렇게 행할 수 있는 것이다. 하나님의 손안에 당신을 맡기라. 안식으로 들어가라. "이미 그의 안식에 들어간 자는 하나님이 자기의 일을 쉬심과 같이 그도 자기의 일을 쉬느니라"(히 4:10). 오, 이것은 사랑스러운 안식이다! 온 생애가 안식일이다. 이는 하나님께 영광을 돌리는 기쁨의 삶이다. 이 세상에서의 매일매일은 하늘의 날이다.

지속적인 변화

이 삶은 지속적인 변화를 가져온다. 주님과 그분의 영광을 보

라. "그와 같은 형상으로 변화하여 영광에서 영광에 이르니 곧 주의 영으로 말미암음이니라"(고후 3:18). 여기에는 계속적인 공개와 지속적인 계시, 위로부터의 반복적인 덧입힘이 뒤따른다. 나는 당신이 결코 뒤를 돌아보지 않을 것과 더불어 성령이 폐하셨다고 말씀하신 것으로 다시는 돌아가지 않을 것을 하나님께 약속드리기 원한다. 나는 주님께 그분의 말씀을 의심하지 않겠다고 약속드렸다. 아기는 자신의 손에 닿는 모든 것을 붙잡고 놓지 않는다. 지나치게 신중한 사람은 하나님의 가장 좋은 것을 자신의 이성으로만 판단하여 어리석게도 스스로를 속게 만들지만, 아기는 엄마가 주는 우유를 모두 받아먹고도 우윳병조차도 삼키려고 한다. 아기는 걷지 못하기 때문에 엄마가 업어 주며, 스스로 옷을 입지 못하기 때문에 엄마가 입혀 준다. 아기는 말도 제대로 하지 못한다. 성령 안에서의 삶도 이와 같다. 우리가 하지 못하는 일을 하나님께서 맡아서 수행해 주신다. 우리는 그분에 의해 걸어간다. 그분이 우리에게 옷을 입혀 주시고, 그분을 통해 말하게 하신다. 오, 우리는 모두 아기처럼 순수한 모습을 지녔다!

Ever Increasing
Faith

Chapter 11

성령 충만의 의미

Ever Increasing
Faith

Chapter 11

성령 충만의 의미

그 때에 제자가 더 많아졌는데 헬라파 유대인들이 자기의 과부들이 매일의 구제에 빠지므로 히브리파 사람을 원망하니 열두 사도가 모든 제자를 불러 이르되 우리가 하나님의 말씀을 제쳐 놓고 접대를 일삼는 것이 마땅하지 아니하니 형제들아 너희 가운데서 성령과 지혜가 충만하여 칭찬 받는 사람 일곱을 택하라 우리가 이 일을 그들에게 맡기고 우리는 오로지 기도하는 일과 말씀 사역에 힘쓰리라 하니 온 무리가 이 말을 기뻐하여 믿음과 성령이 충만한 사람 스데반과 또 빌립과 브로고로와 니가노르와 디몬과 바메나와 유대교에 입교했던 안디옥 사람 니골라를 택하여 사도들 앞에 세우니 사도들이 기도하고 그들에게 안수하니라 하나님의 말씀이 점점 왕성하여 예루살렘에 있는 제자의 수가 더 심히 많아지고 허다한 제사장의 무리도 이 도에 복종하니라 스데반이 은혜와 권능이 충만하여 큰 기사와 표적을 민간에 행하니 이른 바 자유민들 즉 구레네인, 알렉산드리아인, 길리기아와 아시아에서 온 사람들의 회당에서 어떤 자들이 일어나 스데반과 더불어 논쟁할새 스데반이 지혜와 성령으로 말함을 그들이 능히 당하지 못하여 사람들을 매수하여 말하게 하되 이 사람이 모세와 하나님을 모독하는 말을 하는 것을 우리가 들었노라 하게 하고 백성과 장로와 서기관들을 충동시켜 와서 잡아가지고 공회에 이르러 거짓 증인들을 세우니 이르되 이 사람이 이 거룩한 곳과 율법을 거슬러 말하기를 마지 아니하는도다 그의 말에 이 나사렛 예수가 이 곳을 헐고 또 모세가 우리에게 전하여 준 규례를 고치겠다 함을 우리가 들었노라 하거늘 공회 중에 앉은 사람들이 다 스데반을 주목하여 보니 그 얼굴이 천사의 얼굴과 같더라 행 6:1-15

제자들의 수가 심히 많아지자 열두 사도는 구제하는 일을 그만두고 기도하는 것과 말씀 전하는 일에만 집중하기로 결정을 내렸다. 하나님의 모든 사역자에게 계속적으로 기도하는 일과 지속적으로 진리의 말씀을 먹이는 일은 얼마나 중요한가! 나는 성경을 펼쳐 놓지 않은 상태에서 성경 지식이 나보다 많은 사람에게는 언제나 상을 내린다.

하나님께서 그분의 말씀을 통해 당신에게 전하시는 음성을 부지런히, 그리고 계속적으로 듣지 않으면 하나님 안에서 강해질 수 없다. 우리를 북돋아 주시는 말씀을 읽지 않고서는 하나님의 능력과 성품을 알 수 없다. 아침과 저녁, 그리고 기회를 얻을 때마다 말씀을 읽으라. 식사 후에 둘러앉아 유익하지 않은 대화를 나누는 대신 말씀을 한 장 읽은 후 기도를 드리라. 나는 누구와 있든지 이를 반드시 행하려고 노력한다. 시편 기자는 그가 하나님께 범죄하지 아니하려 하여 주의 말씀을 그의 마음에 두었다고 고백했다(시 119:11 참조). 마음속에 하나님의 말씀을 더 많이 간직하면 할수록 거룩한 삶을 사는 것이 더 쉬워진다. 시편 기자는 또한 하나님의 말씀이 그를 살리셨다고 언급했다(50절 참조). 당신이 하나님의 말씀을 받으면 당신의 육체는 생명을 얻고 더욱 강건하게 될 것이다. 말씀을 온유함으로 받을 때(약 1:21 참조) 우리 안에서 믿음이 용솟음치는 것을 발견하게 될 것이다.

당신을 향한 놀라운 계획

열두 사도는 일곱 사람을 택하여 구제하는 일을 맡겼다. 그 일곱 명은 성령으로 충만하여 칭찬을 듣는 사람들이었다. 택함 받은 사람들은 그저 보통 사람이었으나 성령으로 충만했고 이 충만함은 그들을 보통 사람보다 높은 수준으로 올려놓았다. 하나님의 교회를 채우는 것은 교양이 있고 교육을 많이 받은 사람들이 아니다. 하나님께서는 순종하며 성화된 거룩한 삶을 사는 사람들을 원하신다. 이들을 통하여 불길을 일으키신다. 그분은 "성령과 불로 세례"(마 3:11)를 주신다!

군중이 구제하는 일을 위해 일곱 사람을 선택했다. 의심할 여지없이 그들은 맡겨진 직무에 충실한 사람들이었고, 하나님께서는 그중 빌립과 스데반에게 더 놀라운 계획을 품고 계셨다. 빌립은 성령이 매우 충만하여 하나님께서 인도하신 곳이라면 그 어디에서나 부흥을 일으켰다(행 8:5-8, 26-40 참조). 사람들은 그를 구제하는 일을 위해 선택했고, 하나님께서는 영혼들을 구원하기 위해 선택하셨다.

당신이 겸손한 역할로 충성스럽게 일할 때 하나님께서 그분의 성령으로 당신을 충만하게 하시며, 영혼을 구원하고 병든 자를 고치는 강력한 사역의 지위로 당신을 격상시키실 것이다! 하나님의 성령으로 충만한 사람은 능히 하지 못할 일이 없다. 하나님의 가능성은 모든 인간의 이해를 넘어선다. 당신이 성령의 능력으로 충만하게 될 때 어디를 가든지 하나님께서 놀랍게 역사하실 것이다.

성령으로 충만하면 하나님의 음성을 들을 수 있다. 이것에 대한 하나의 실례를 들려주겠다. 최근에 배를 타고 호주로 가는 길에 배가 아덴(Aden)과 뭄바이(Mumbai)에 정박했다. 아덴에서는 상인들이 배 주위로 와서 세공품들(아름다운 카펫들과 여러 종류의 동양적인 상품들)을 팔았다. 그중에는 타조 깃털을 파는 사람도 있었다. 나는 배의 측면에서 장사하는 것을 구경했다. 그때 한 신사가 나에게 타조 깃털을 같이 사자면서 말을 걸었다. 나에게 타조 깃털이 무슨 소용이 있겠는가? 나는 그것이 필요 없었고 그것을 둘 곳도 없었다. 그러나 그 신사는 또 한 번 저 깃털을 같이 사자고 요청했다.

하나님의 성령이 나에게 "그것을 사라"라고 말씀하셨다.

우리는 삼 파운드에 그 깃털을 사기로 했다. 그는 지금 돈이 없으니 내가 먼저 값을 치르면 선원을 통해 그 돈을 주겠다고 했다. 나는 깃털을 사서 그의 몫을 나누어 주었다.

그는 일등석에 타고 있었고 나는 이등석에 타고 있었다. 나는 선원에게 돈을 주지 말고 직접 나의 객실로 가져다 달라고 부탁했다.

나는 주님께 "이 깃털을 어떻게 할까요?"라고 여쭈어 보았다. 주님께서 그것을 사게 한 목적을 나에게 보이셨다. 10시에 그 신사가 돈을 들고 나의 객실로 왔다.

"내가 원하는 것은 당신의 돈이 아니라 내가 하나님께 구하는 당신의 영혼이랍니다." 바로 그때 그는 그의 생애에 대한 모든 이야기를 털어놓았다. 그리고 하나님을 구했다. 그 아침에 그는 하나님의 구원을 향한 통로에서 울부짖었다.

성령으로 충만할 때 하나님께서 당신을 통하여 무엇을 행하실지 당신은 알 수 없다. 매일 밤과 매시간 당신은 하나님의 인도를 받을 수 있다. 성령으로 충만하게 된다는 것은 모든 관계에서 매우 중요하다. 나는 여러 해 동안 고통당하던 사람들이 성령으로 충만해지자 아주 작은 질병까지 치유받은 것을 보았다. 성령이 예수님의 생명이 그들에게 현실로 나타나게 하셨다. 그들은 모든 질병과 약함에서 완전하게 자유로워졌다.

스데반을 보라. 그는 단지 구제하는 일을 위해 선택된 보통 사람이었다. 그러나 성령이 그 안에 계셨다. 그는 "은혜와 권능이 충만하여 큰 기사와 표적을"(행 6:8) 사람들 앞에서 행했다. 사람들은 그가 "지혜와 성령으로 말함을"(10절) 당할 수가 없었다.

방언의 통역

하나님께서는 당신이 성령으로 충만해지기를 원하신다.
성령의 능력이 당신을 하나님의 위대함으로 충만하게 한다.
성령으로 충만한 사람은 하나님께서 막으실 그 어떤 것도 없다.

나는 당신이 이것의 중요성을 강하게 인식하기를 원한다. 내가 당신에게 제시하는 것은 치유가 아니라 살아 계신 그리스도이시다. 하나님의 아들이 내려와 "포로 된 자에게 자유를"(눅 4:18) 주신 일은 참으로 영광스러운 사건이다.

핍박의 축복

당신이 성령으로 충만해진 그 순간 핍박이 시작되는 것은 어찌 된 일일까? 예수님께서도 이와 동일한 일을 겪으셨다. 성령이 비둘기의 형상으로 그분의 위에 내려오시기 전에는 그 어떤 핍박도 없었다. 이 일이 있은 후에 고향에서 복음을 전하시자 사람들은 그분을 산 낭떠러지에서 밀어 버리려고 시도했다. 열두 제자도 오순절 이전에는 핍박을 당하지 않았으나 성령으로 충만하고 난 후에 곧 감옥에 갇혔다.

사탄과 종교 지도자들은 어느 사람이 성령으로 충만하여 성령의 능력으로 일을 행하면 사람들을 선동하여 그를 핍박한다. 그렇지만 핍박은 교회에 크나큰 축복이다. 우리는 핍박을 당하면 순결해진다. 당신이 성령으로 충만하고 싶다면 한 가지 잊지 말아야 할 점이 있다. 바로 핍박을 받을 것이라는 점이다. 주님께서 분쟁을 가져오셔서(눅 12:51 참조) 당신의 가족들이 "셋이 둘과"(52절) 분쟁하게 될 것이다.

주님께서 주신 평화를 누린 직후에 당신은 핍박을 받을 것이다. 만일 당신이 정지된 채로 있으면 마귀와 그의 사자들은 당신을 별로 귀찮게 하지 않는다. 그러나 당신이 그들을 맹렬히 공격하고 하나님과 함께 완전한 지경까지 나아가면 당신은 대적의 표적이 된다. 그러나 이 모든 일 가운데에 하나님께서 당신을 옹호

해 주실 것이다.

내가 인도하던 집회에 주님께서 역사하셔서 많은 사람이 치유를 받았다. 그중 몸의 두 군데가 부러진 한 남자는 이를 보고 자신도 기도를 한번 받아 보아야겠다고 생각했다.

나는 주님의 이름으로 그의 위에 손을 얹었다. "지금, 하나님을 믿으라."

다음 날 밤 집회에 온 그는 마치 사자처럼 벌떡 일어나서 불평을 터뜨렸다. "이 사람이 여러분을 속이고 있어요. 그가 어젯밤에 나의 두 군데 부러진 곳에 손을 얹고 기도했지만 나는 조금도 좋아지지 않았어요." 나는 그의 말을 중단시키고 "당신은 치유를 받았소. 문제는 당신이 그것을 믿지 않는 것이요"라고 말했다.

다음 날 집회에도 참석한 그는 이제는 기회가 있을 때마다 일어나서 간증을 했다. "나의 직업은 석공입니다. 오늘 내가 일꾼 한 명과 일을 하고 있었는데 그가 큰 돌을 옮기려고 하기에 도와주었습니다. 그런데 하나도 아프지 않았습니다. '내가 어떻게 돌을 옮긴 거지?' 하고 스스로에게 물어볼 정도였습니다. 옷을 벗어서 확인한 결과 내가 나았다는 것을 알게 되었습니다."

이어서 나는 사람들에게 말했다. "어젯밤에 이 사람은 하나님의 말씀을 반대했으나 지금은 그 말씀을 믿습니다. '믿는 자들에게는 이런 표적이 따르리니…병든 사람에게 손을 얹은즉 나으리라'(막 16:17-18). 치유는 그리스도의 이름 안에 있는 능력을 통하여 임합니다." 성령은 하나님의 말씀을 나타내시기 위해 오셨으며 이 말씀은 영과 생명으로 이루어졌다(요 6:63 참조). 성령세례를 구하는 사람들은 핍박을 받게 될 장소로 들어가는 것과 같다. 당신의 가장 좋은 친구들이 당신을 떠날 것이다. 그러나 진정으로 좋은 친구는 결코 당신을 떠나지 않을 것이다. 여기에서 당신이 구하는 것이 가치 있는 것임을 확신하라. 당신은 조명의 영역 곧, 성령의 능력에 의한 계시의 영역으로 들어갈 것이다. 그분이 그리스도의 보배로운 보혈과 능력을 드러내신다. 성령의 계시로 말미암아 내 속에 있는 어느 것 하나도 그 보혈이 깨끗하게 하지 못할 것이 없다(요일 1:9 참조). 하나님께서는 그 보혈로 우리를 깨끗하게 하시고 성령에 의해 그분의 능력을 나타내신다.

성령 안에서의 삶

스데반은 그저 평범한 사람이었으나 그는 신성으로 옷 입었다. 그는 "은혜와 권능이 충만하여 큰 기사와 표적을"(행 6:8) 행했다. 오, 성령 안에서의 삶이여! 오, 깊은 내적 계시, 한 상태에서 다른 상태로의 변화, 은혜 안에서의 성장, 모든 지식, 성령의 능력의 이 삶이여! 이 상태에서 그리스도의 생명과 마음이 당신 안에서 갱신되고, 그분이 강력한 능력으로 영원한 계시를 주신다. 오직 이러한 것만이 우리가 설 수 있도록 힘을 준다.

이 삶 가운데에 주님께서 그분의 능력을 나타내신다. 뉴욕에서 설교를 한 후에 루시타니아 호를 타고 영국으로 향할 때였다. 나는 배에 올라타자마자 객실로 갔다. 객실에 있던 두 남자 중 한 명이 나에게 "자, 같이 한잔 하실까요?"라고 말했다. 그러더니 병을 꺼내 위스키를 부어 마시고는 나에게도 잔을 채워 내밀었다.

"나는 한 번도 그런 것을 마신 적이 없어요."

"술 없이 어떻게 살 수 있죠?"

"나는 그것과 함께 살 수 없답니다."

그는 깜짝 놀라며 자신의 이야기를 들려주었다. "이 술의 영향 아래에서 수개월을 허비하고 있어요. 사람들이 나의 속은 모두 못쓰게 되었다고 말하지요. 나는 내가 죽어 가고 있다는 것을 알아요. 벗어나기를 원하지만 그저 마시는 일만 계속하고 있답니다. 오, 내가 여기서 벗어날 수만 있다면! 아버지가 영국에서 돌아가시면서 나에게 유산을 남겨 주셨어요. 하지만 내가 나의 무덤으로 서둘러 가는 것을 제외하고는 무슨 좋은 일이 있겠어요."

"말하세요. 그러면 당신이 거기에서 벗어나 구원을 받을 겁니다."

"무슨 뜻입니까?"

"말하세요. 당신이 구원을 원하고 있다는 것을 보이세요. 그러면 하나님께서 당신을 구원하실 거예요."

이 말은 하나님께서 내게 보여 준 것을 그대로 말한 것이었다. 나는 그에게 가만히 멈춰 있으라고 말한 뒤에 예수의 이름으로 그의 머리에 손을 얹고 그의 생명을 앗아가는 마귀를 저주했다.

그가 "나는 자유롭다! 나는 자유롭다! 내가 자유로워진 것을 나는 안다!"라고 소리쳤다. 그는 위스키 두 병을 배 밖으로 던져 버렸다. 하나님께서 그를 구원하셔서 맑은 정신을 주시고 치유하셨다. 나는 바다를 건너는 동안 내내 복음을 전파했다. 그는 이전에는 음식을 먹을 수 없었지만 그 이후로는 식사 시간마다 모든 음식을 맛있게 먹었다.

당신이 좋은 시기를 보내려면 단 한 번 예수님과의 만남이 필요하다. 하나님의 능력은 오늘날에도 변함없이 동일하다. 나에게 그분은 사랑스러운 분이시다. 또한 강건한 구원이다. 골짜기의 백합화다. 오, 이 복된 나사렛 사람, 왕 중의 왕이시여! 할렐루야!

당신의 의지를 그분의 뜻에 맡기겠는가? 그분이 당신을 소유하시도록 허락하겠는가? 그렇게 한다면 그분의 모든 능력이 당신의 능력이 될 것이다.

가치 있는 일

스데반과 더불어 변론한 사람들은 그가 "지혜와 성령으로 말함을…능히 당하지"(행 6:10) 못했다. 그들은 분에 가득 차서 그를 공회로 데리고 갔다. 하나님께서는 스데반의 얼굴을 천사의 얼굴과 같게 하셨다.

어떤 대가를 치른다고 해도 성령으로 충만해지는 것은 가치 있는 일이다. 사도행전 7장에 나오는, 이 거룩한 사람에 의한 강력한 예언적 발언을 읽어 보라. 스데반은 두려움 없이 "목이 곧고 마음과 귀에 할례를 받지 못한 사람들아 너희도 너희 조상과 같이 항상 성령을 거스르는도다"(행 7:51)라고 책망했다. 그의 적들은 이 말을 듣고 마음에 찔려 이를 갈았다(54절 참조). 마음에 찔리면 두 가지 형태로 행동하기 마련이다. 여기에서 그들은 이를 갈며 성 밖으로 스데반을 내치고 돌로 쳤다. 오순절 날 마음에 찔린 백성은 "우리가 어찌할꼬?"(행 2:37)라고 소리쳤다. 백성은 앞의 경우와 반대 방법으로 행동했다. 사탄이 그의 방법대로 우리를 조종할 수 있다면 그는 우리가 살인을 저지르도록 시도할 것이다. 예수님의 방법은 우리를 회개로 이끄시는 것이다.

"스데반이 성령 충만하여 하늘을 우러러 주목하여 하나님의 영광과 및 예수께서 하나님 우편에 서신 것을 보고"(행 7:55). 오, 이 성령 충만한 존재여! 어느 여름날 나는 차를 타고 육십 마일 정도를 가고 있었는데 문득 하늘을 쳐다보다가 성령이 이끄시는 대로 예수님의 열린 환상을 보았다.

스데반은 "이 죄를 그들에게 돌리지 마옵소서"(60절)라고 외쳤다. 성령으로 충만했기에 그는 사랑으로도 충만했다. 그는 예수님께서 갈보리에서 하신 것과 똑같이 원수를 향한 깊은 동정심을 드러냈다. 성령으로 충만하게 되는 일은 모든 점에서 위대하다. 이는 변함없는 충만함, 활기, 그리고 지속적인 새 생명을 의미한다. 우리는 놀라운 복음과 광대하신 구세주를 소유하고 있다! 당신이 오직 성령으로 충만하면 당신 안에서 영원토록 샘물이 솟아날 것이다. 그렇다. 당신이 믿음으로 주 예수님을 중심에 둘 때 당신 안에서 "생수의 강이 흘러나오리라"(요 7:38).

Ever Increasing
Faith

Chapter 12

성령세례의 성경적인 증거

Ever Increasing
Faith

Chapter 12

성령세례의 성경적인 증거

오순절 날이 이미 이르매 그들이 다같이 한 곳에 모였더니 홀연히 하늘로부터 급하고 강한 바람 같은 소리가 있어 그들이 앉은 온 집에 가득하며 마치 불의 혀처럼 갈라지는 것들이 그들에게 보여 각 사람 위에 하나씩 임하여 있더니 그들이 다 성령의 충만함을 받고 성령이 말하게 하심을 따라 다른 언어들로 말하기를 시작하니라 그 때에 경건한 유대인들이 천하 각국으로부터 와서 예루살렘에 머물러 있더니 이 소리가 나매 큰 무리가 모여 각각 자기의 방언으로 제자들이 말하는 것을 듣고 소동하여 다 놀라 신기하게 여겨 이르되 보라 이 말하는 사람들이 다 갈릴리 사람이 아니냐 우리가 우리 각 사람이 난 곳 방언으로 듣게 되는 것이 어찌 됨이냐 우리는 바대인과 메대인과 엘람인과 또 메소보다미아, 유대와 갑바도기아, 본도와 아시아, 브루기아와 밤빌리아, 애굽과 및 구레네에 가까운 리비야 여러 지방에 사는 사람들과 로마로부터 온 나그네 곧 유대인과 유대교에 들어온 사람들과 그레데인과 아라비아인들이라 우리가 다 우리의 각 언어로 하나님의 큰 일을 말함을 듣는도다 하고 다 놀라며 당황하여 서로 이르되 이 어찌 된 일이냐 하며 또 어떤 이들은 조롱하여 이르되 그들이 새 술에 취하였다 하더라 베드로가 열한 사도와 함께 서서 소리를 높여 이르되 유대인들과 예루살렘에 사는 모든 사람들아 이 일을 너희로 알게 할 것이니 내 말에 귀를 기울이라 때가 제 삼 시니 너희 생각과 같이 이 사람들이 취한 것이 아니라 이는 곧 선지자 요엘을 통하여 말씀하신 것이니 일렀으되 하나님이 말씀하시기를 말세에 내가 내 영을 모든 육체에 부어 주리니 너희의 자녀들은 예언할 것이요 너희의 젊은이들은 환상을 보고 너희의 늙은이들은 꿈을 꾸리라 행 2:1-17

각 사람에게 성령을 나타내심은 유익하게 하려 하심이라 어떤 사람에게는 성령으로 말미암아 지혜의 말씀을, 어떤 사람에게는…각종 방언 말함을, 어떤 사람에게는 방언들 통역함을 주시나니 이 모든 일은 같은 한 성령이 행하사 그의 뜻대로 각 사람에게 나누어 주시는 것이니라 고전 12:7-8, 10-11

오늘날 오순절 사역의 진실성에 대하여 많은 논쟁이 일어나고 있다. 그러나 지난 십오 년 전 성령 사역의 부흥이 시작되어 지금까지 계속된다는 사실만큼은 확실하다. 하나님께서는 전 세계의 모든 지역에 1세기 때 교회를 시작하셨던 것과 똑같이 그분의 성령을 놀라운 방법으로 부으셨다. 하나님께서 무엇을 행하시는지 이해하지 못한 채 성령에 의해 경이로운 날들이 도래하는 것을 보고 놀라던 사람들은 이제 오순절의 사도들과 같은 장소에서 동일한 기적을 체험했다.

우리 주 예수님께서는 제자들에게 이렇게 말씀하셨다. "볼지어다 내가 내 아버지께서 약속하신 것을 너희에게 보내리니 너희는 위로부터 능력으로 입혀질 때까지 이 성에 머물라 하시니라"(눅 24:49). 하나님께서는 요엘 선지자를 통해 "그 후에 내가 내 영을 만민에게 부어 주리니…내가 또 내 영을 남종과 여종에게 부어 줄 것이며"(욜 2:28-29)라고 약속하셨다. 성령을 부으신다는 말씀에 관하여 그릇된 생각이 널리 퍼져 있기에 주님께서 우리가 이 주제에 대해 좀 더 고찰하기를 원하신다고 생각한다.

방언과 성령세례

내가 받은 성령세례에 대해 들려주겠다. 여러분이 잘 알듯이,

그것이 나를 움직이게 하려면 견고한 진리에 기초한 것이어야만 했다. 내가 성령을 받은 것은 확실하며 나는 이 신념을 절대적으로 고수하는 바다. 오순절 성령의 역사가 영국에서 시작되었을 때 성령을 받기 위해 모여 있는 사람들을 만나려고 선덜랜드(Sunderland)에 갔다. 나는 얼마나 많이 집회에 참석했던지 사람들이 이제는 내가 오지 말았으면 하는 마음이 들기까지 귀찮게 했다. 그러나 나는 하나님을 향하여 배고프고 목말랐다. 선덜랜드에 간 것은 하나님께서 새로운 방법으로 성령을 부으신다는 소식을 들었기 때문이었다. 하나님께서 그분의 백성을 방문하셔서 능력을 나타내시고, 사람들이 오순절 때처럼 방언을 말한다고 했다.

선덜랜드에 도착해서는 사람들에게 이렇게 말했다. "나는 이 집회를 이해하지 못합니다. 모든 사람이 불을 받은 브래드퍼드(Bradford)의 집회에 있다가 이곳으로 왔어요. 어젯밤에 불이 임했고 우리는 모두 하나님의 능력 아래에 놓였지요. 나는 방언을 받으려고 왔는데 아직 받지 못했습니다."

"오! 성령세례를 받으면 방언을 할 것입니다."

"그런가요? 하나님의 임재가 느껴지면 내 혀가 풀리지요. 야외에서 복음을 전할 때도 나는 내가 새로운 혀를 가진 것처럼 느낍니다."

"아, 아니요. 그러한 의미가 아닙니다."

"그러면 무엇입니까?"

"당신이 성령세례를 받으면…."

나는 불쑥 끼어들어 그들의 말을 끊었다. "나는 세례를 받았어요. 여기에 있는 사람 중 그 누구도 내가 세례를 받지 못했다는 사실로 나를 설득할 수는 없을 겁니다."

그들과 나는 서로를 쳐다보고만 있었다.

그때 한 남자가 일어나서 이렇게 말했다. "여러분, 나는 당신들이 아는 대로 삼 주 전에 이곳에 왔습니다. 주님께서 주신 성령세례를 받은 후에 나는 방언으로 말하기 시작했습니다."

나는 그 남자에게 방언을 듣고 싶다고 말했다. 그것이 내가 온 이유였다. 그러나 그는 방언을 말하지 못했다. 이것은 내가 다른 사람들과 마찬가지로 고린도전서 12장에 나오는 방언과 사도행전 2장에 나오는 방언을 혼동했기 때문에 벌어진 일이었다. 이 두 장은 서로 다른 방언을 다룬다. 한 장은 성령의 은사를 다루고, 다른 한 장은 성령세례와 함께 따르는 표적으로서의 방언을 다룬다. 나는 이것을 이해하지 못했기에 그 남자에게 방언을 해 보라고 했던 것이었다. 그러나 그는 방언을 말하지 못했다. 성령세례는 받았으나 방언의 은사는 받지 못했기 때문이었다.

날이 갈수록 나는 점점 더 하나님을 갈망했다. 집회에 대해 심각하게 이의를 제기했지만 주님께서는 나에게 은혜로우셨다. 나는 거기를 떠나오던 마지막 날을 절대 잊을 수 없다. 하나님께서 나와 함께하셨다. 집회가 열리던 감독교회에 가서 작별 인사를 하려고 목사관으로 들어갔다. 교구목사의 부인인 버디(Boddy)가 보였다. "나는 더는 머물 수가 없어요. 지금 반드시 방언을 받아야 해요."

"위글스워스 형제, 당신에게 필요한 것은 방언이 아니라 성령세례이지요. 당신이 성령세례를 주시도록 하나님을 허락해 드리면 다른 것들도 다 해결될 겁니다."

"사랑하는 부인이여, 나는 내가 성령세례를 받은 것을 압니다. 4시에 이곳을 떠나야 하니 방언을 받을 수 있도록 나에게 손을 얹어 기도해 주세요."

그녀가 일어서서 나에게 손을 얹었다. 곧 성령의 불이 내게 임했다.

"불이 떨어지고 있어요." 누군가가 밖에서 계속 문을 두드리고 있었기에 그녀는 나가야만 했다. 이는 내가 홀로 하나님과 함께 있도록 일어났어야 할 일이었다.

주님께서 나에게 놀라운 계시를 보여 주셨다. 나는 빈 십자가와 예수님께서 영화롭게 되신 것을 보았다. 비어 있는 십자가를 보며 그리스도께서 더 이상 십자가 위에 계시지 않은 것에 대해 하나님께 감사드렸다. 예수님께서는 저주를 짊어지셨다. "기록된 바 나무에 달린 자마다 저주 아래에 있는 자라"(갈 3:13; 신 21:23 참조). 그분이 "우리를 대신하여 죄로 삼으신 것은 우리로 하여금 그 안에서 하나님의 의가 되게 하려 하심이라"(고후 5:21). 그리고 그분은 지금 영광 중에 계신다.

그다음에 하나님께서 나를 정결하게 하시는 새로운 환상을 보았다. 나는 내 안의 완전한 존재를 보았다. "깨끗하게! 깨끗하게! 깨끗하게!" 이 말을 반복하면서 나는 내가 다른 방언으로 말하고 있다는 것을 깨달았다. 기쁨이 차올랐다. 내가 임의로 말할 때는 방언을 말하는 것에 실패했으나, "성령이 말하게 하심을 따라"(행 2:4) 말했을 때는 다른 방언으로 하나님을 예배하기 시작했다.

이는 예수님께서 "잠잠하라 고요하라!"(막 4:39)라고 말씀하시자 천지가 아름답고 평화롭게 되었던 것과 같은 경험이었다. 그 순간의 평온함과 기쁨은 그동안 내가 경험했던 모든 것을 능가했다. 할렐루야! 그러나 그 경험은 더 광대하게, 더 강력하게, 더 놀라운 신적 표현과 능력으로 발전해 갔다. 그것은 단지 시작에 불과했다. 거기에는 끝이 없었다. 당신이 영광에 이르기 전까지는 결코 성령의 끝에 도달할 수 없을 것이다. 당신이 하나님의 얼굴 바로 앞에 영원히 머물기 전까지는 말이다. 그리고 그때라도 그분의 임재를 언제나 의식하게 될 것이다.

나는 성경적인 증거를 받았다. 이 증거는 경이롭다. 내가 받은 것은 오순절에 사도들이 받았던 성령의 강림, 바로 그 증거였다. 그 증거는 이전까지는 나를 하나님과 함께하는 쪽으로 데리고 오는 기름 부음의 본질이었다. 지금은 성령 안에서 성경적인 성령세례를 받았다. 이는 말씀을 보증한다. 말씀의 보증을 가지고 있다면 항상 올바르게 행할 수 있지만, 만일 하나님의 말씀 안에서 증거의 기반이 없다면 결코 올바르게 행할 수 없다.

여러 해 동안 나는 이러한 제안을 해 왔다. 성령이 말하게 하시는 대로 방언을 말하는 것 없이 성령세례를 받았다는 것을 나에게 증명해 보이라는 것이었다. 성경적인 증거 없이 성령세례를 받았다면 그것을 증명해 보라는 제안에 현재까지 그 누구도 이의를 달지 않았다. 내가 이 점을 밝히는 목적은 이전의 나처럼 생각하는 사람이 아주 많기 때문이다. 그들은 성경적인 증거 없이 성령세례를 받았다고 완고하게 생각한다. 주 예수님께서는 말씀을 전파하는 사람들이 증거의 말씀을 소유하고 있기를 원하신다. 다른 무언가에 빠져서 옳지 않은 길로 가지 말라. 당신이 지닌 모든 것에 대해 성경적인 증거를 확보하라. 그러면 아무도 당신을 흔들 수 없는 자리로 인도될 것이다.

나는 기쁨으로 매우 충만했다. 이 소식을 집에 전하고 싶어서 전보를 쳤다.

집에 도착하자마자 아들이 달려와서 "아빠, 성령을 받으셨나요?"라고 물었다.

"그래, 내 아들아."

"방언 말하는 것을 듣게 해 주세요."

그러나 나는 할 수 없었다. 사도행전 2장 4절에 나오는 성경적인 증거로서의 방언을 성령세례와 함께 받았으나 고린도전서 12

장에 나오는 방언의 은사를 받은 것은 아니었기 때문이었다. 나는 모든 은사를 주시는 분을 받았다.

얼마 후에 영혼들을 구하는 일을 돕고 있을 때 성령세례를 받았다. 또한 하나님께서는 내가 언제든지 그것을 말할 수 있도록 방언의 은사도 주셨다. 나는 방언을 말할 수 있지만 결코 아무 때나 말하지 않겠다고 다짐했다. 오직 성령이 그 은사를 사용하도록 허락하실 때만 말할 것이다. 오직 성령에 의해서만 신적인 발성을 해야 한다. 내가 스스로의 힘으로 은사를 사용하는 것은 매우 좋지 않은 일이다. 그러나 그 은사를 주신 분은 성령의 아홉 가지 은사를 모두 사용하실 능력을 가지셨다.

성령세례의 세 증인

방언이 성령세례의 증거라는 것을 증명하려면 성경 안으로 들어가야 한다. 사업가들은 법적으로 확실한 두 명의 증인이 있으면 어떤 판사 앞에서도 그 재판을 이길 수 있다는 것을 잘 알고 있다. 두 증인의 명백한 증거 위에 판사가 판결을 내릴 것이다. 하나님께서 우리에게 무엇을 주셨는가? 그분은 성령세례 위에 확실한 세 증인(법정에서 필요한 것보다 더 많다)을 주셨다. 첫 번째는 오순절에 주어졌다. "그들이 다 성령의 충만함을 받고 성령이 말하게 하심을 따라 다른 언어들로 말하기를 시작하니라"(행 2:4). 하나님께서 베드로에게 영원한 말씀 곧, 경험을 약속과 함께 주셨다. "이는 곧 선지자 요엘을 통하여 말씀하신 것이니 일렀으되"(16절). 하나님께서는 당신이 이 경험을 하기 원하신다. 오순절의 모범을 따라서 성령세례를 받기 원하신다.

사도행전 10장에서는 다른 증인이 등장한다. 고넬료는 거룩한 천사의 환상을 본 후 사람을 보내어 베드로를 집으로 초청했다. 어느 날 한 여자가 찾아와 나에게 이렇게 고백했다. "내가 성령으로 충만했다는 것을 인정하지 않으실 수도 있지만 나는 열흘 낮과 밤을 주님 앞에서 누워 있었는데 그분이 나의 영혼을 기쁨으로 넘치게 하셨어요." "주님을 찬양합시다. 자매여, 그것은 단지 시작일 뿐입니다. 제자들도 그만큼의 시간을 기다렸을 때 하나님의 강력한 능력이 그들 위에 임했습니다. 성경은 우리에게 능력이 임하면 무슨 일이 일어나는지 알려 줍니다." 바로 이것이 고넬료의 집에서 일어났던 일이었다. 성령이 말씀을 들은 모든 사람 위에 내려오셨다.

> 베드로와 함께 온 할례 받은 신자들이 이방인들에게도 성령 부어 주심으로 말미암아 놀라니 행 10:45

편견이 가득한 유대인들이 성령이 오셨다는 것을 무엇으로 확신했을까? "이는 방언을 말하며 하나님 높임을 들음이러라"(46절). 다른 방법은 없었다. 이 증거에는 모순이 없다. 이것이 성경적인 증거다.

앞에서 살펴본 두 증인은 세상을 이해시키기에 충분하다. 그러나 하나님께서는 더 나은 것으로 이끄신다. 바울이 에베소의 제자들에게 사역하는 기록인 사도행전 19장 6절을 보라.

> 바울이 그들에게 안수하매 성령이 그들에게 임하시므로 방언도 하고 예언도 하니 행 19:6

에베소 사람들은 사도들이 처음에 받았던 것과 매우 흡사한 성경적인 증거를 받았다. 그리고 예언도 했다. 성경은 우리에게 세 번 성령세례의 증거를 보여 준다. 나는 방언 자체를 칭송하지 않는다. 오직 은혜로 방언을 주시는 분을 영화롭게 할 뿐이다. 그리고 성령이 오셔서 우리에게 나타내시는 주 예수 그리스도를 영화롭게 해 드린다. 그분은 성령을 보내시는 분이시다. 내가 그분을 영화롭게 해 드리는 이유는 그분이 처음에 믿었던 사람들과 우리를 차별하지 않으시기 때문이다.

그러면 방언은 무엇을 위한 것인가? 고린도전서 14장 2절에는 매우 복된 진리의 말씀이 기록되어 있다. 오, 할렐루야! 사랑하는 자여, 그 말씀을 보았는가? "방언을 말하는 자는 사람에게 하지 아니하고 하나님께 하나니 이는 알아 듣는 자가 없고 영으로 비밀을 말함이라." 더 나아가 "방언을 말하는 자는 자기의 덕을"(4절) 세운다. 하나님께서는 당신이 이렇게 되기를 원하신다.

하나님의 약속 안으로 들어가라. 그것이 당신의 유산이다. 당신이 진실로 성령으로 충만하면 그분과 떨어져 오십 년을 일하는 것보다 더욱 위대한 일을 일 년 내에 행할 수 있을 것이다.

Chapter 13

신령한 은사

Ever Increasing
Faith

Chapter 13

신령한 은사

형제들아 신령한 것에 대하여 나는 너희가 알지 못하기를 원하지 아니하노니 고전 12:1

그리스도의 교회 안에 큰 약점이 있다. 이는 하나님께서 주신 성령과 은사에 대한 무지다. 하나님께서는 성령의 능력과 현현에 관한 지식의 계시를 통해 우리가 그분의 뜻대로 모든 점에서 강건하게 서기를 원하신다. 그분은 우리가 성령을 더욱더 갈망하기를 바라신다.

많은 집회를 인도하면서 한 가지 깨달은 점이 있다. 성령세례를 받지 못했지만 하나님께서 계획하신 모든 것을 갈망하는 사람을 세우는 것이 성령세례를 이미 받아 만족해하며 침체된 사람을 세우는 것보다 낫다는 것이다. 물론 성령세례를 받고서도 계속 하나님을 더욱 원하고 갈망하는 사람이라면 더할 나위 없이 좋다. 하나님을 원하지 않고 사모하지 않는 사람은 그 어떤 기독교 집회에서도 문젯거리다.

충만함의 중요성

성령으로 충만해지는 것의 중요성은 아무리 설명해도 부족하다. "그가 빛 가운데 계신 것 같이 우리도 빛 가운데 행하면"(요일 1:7). 나라들을 정복하며 의를 행하고 마귀의 능력을 묶으려면 반드시 성령으로 충만해져야 한다. 그렇지 않으면 오늘날의 상황을 제대로 직면할 수 없다.

초대 교회 사람들은 "그들이 사도의 가르침을 받아 서로 교제하고 떡을 떼며 오로지 기도하기를 힘쓰니라"(행 2:42). 우리도 지속적으로 이렇게 행하는 것이 매우 중요하다.

나는 여러 해 동안 플리머스 형제 교회와 협력하며 사역했다. 그들은 말씀에 매우 강하고 물세례에 철저했다. 성찬식을 소홀히 하지 않았고 오히려 초대 교회 때처럼 매 주일 아침에 행했다. 그들은 성냥을 빼고는 모든 것을 다 가진 것 같았다. 나무를 가졌으나 그것을 타게 할 불은 없었다. 불이 임하기만 하면 그들은 활활 타오를 것이었다.

성령의 불이 부족했기에 그들의 집회에는 생명이 없었다. 그 교회에 다니는 한 청년이 "성령이 말하게 하심을 따라 다른 언어로"(행 2:4) 방언을 말하는 성령세례를 받았다. 플리머스 형제 교회 측은 매우 당황스러워하며 그 청년의 아버지에게 이렇게 말했다. "아들을 따로 불러서 방언을 중지하라고 꼭 말하십시오." 그들은 어떠한 혼란도 원하지 않았다.

아버지는 아들을 불렀다. "애야, 나는 이 교회를 이십 년간 다니면서 이런 종류의 것은 한 번도 본 적이 없단다. 우리는 진리를 확고히 굳혔어. 그 어떤 새로운 것도 원하지 않아. 우리는 이런 것을 받아들이지 않을 거야."

"그것이 하나님의 계획이라면 순종하겠지만 제 생각에는 아닌 것 같아요."

그들이 집으로 가고 있을 때 갑자기 말이 멈춰 서서 마차의 바퀴들이 수렁에 빠졌다. 아버지가 고삐를 잡아당겼으나 말은 움직이지 않았다. 그가 "어떻게 하지?"라고 물었다. 아들은 "완전히 빠져 버렸어요"라고 대답했다.

하나님께서는 이처럼 정체 상태에 빠진 우리를 빼내어 구출하신다.

그분은 우리가 영적 은사들을 이해하고 "더욱 큰 은사를 사모"

(고전 12:31)하기를 원하신다. 또한 성령의 열매의 "가장 좋은 길" (31절) 안으로 들어가기를 원하신다. 우리는 반드시 이 은사들을 받고 싶다고 하나님께 갈망해야 한다. 성령세례를 받았으면서도 정체 상태에 머무는 것은 심각한 일이다. 동일한 영적 수준에서 계속하여 하루하루를 사는 것은 비극이다. 우리는 하나님의 진리의 계시와 성령의 충만함을 받기 위해 반드시 자아를 부인해야 한다. 오직 그렇게 할 때 하나님을 만족하게 해 드릴 수 있다.

한 젊은 러시아인이 성령을 받아 하늘의 능력으로 강력하게 무장되었다. 그의 능력의 비밀은 하나님을 계속 기다리는 것이었다. 성령이 그를 채우실 때 마치 모든 호흡이 기도를 드리는 것처럼 변화되었다. 그의 사역은 날마다 부흥을 일으켰다.

내가 아는 어떤 사람은 자신에게 성령의 능력이 강력하게 부어졌다는 것을 느꼈을 때만 설교를 했다. 한번은 그가 감리교회에서 설교를 하기로 했을 때였다. 그는 그 교회 목사에게 먼저 교회에 가 있으면 나중에 자신이 가겠다고 말했다.

교회에 사람들이 가득 찼는데도 그 사람은 오지 않았다. 목사는 걱정이 되어 자신의 딸을 그에게 보냈다. 그는 세 번이나 "지금은 가지 않겠어요"라고 말했다. 딸이 이 사실을 아버지에게 보고했다. 그 말을 들은 목사가 당황스러워하고 있을 때 그가 교회로 들어왔다. 그가 설교를 시작하자 하나님의 능력이 강력하게 임했다.

나중에 목사가 그에게 물었다. "왜 내 딸에게 가지 않겠다고 했나요?"

"나는 내가 언제 충만한지 알아요. 나는 평범한 사람이지요. 주님께서 성령으로 새롭게 채워 주실 때까지는 가지 않겠다고 말한 겁니다. 영광이 가득 차서 흘러넘치는 순간 교회에 왔습니다."

그렇다. 능력, 축복, 확신, 그리고 성령의 임재 속의 안식이 우리에게 있다. 당신은 그분의 임재를 느낄 수 있고 그분이 당신과 함께 계심을 알 수 있다. 그분의 이 거룩한 임재가 없는 상태에서 어떤 일을 하느라 시간을 허비할 필요는 없다. 이 능력과 함께하면 실패란 없다. 언제나 평균 이상의 삶을 살 수 있다.

"너희도 알거니와 너희가 이방인으로 있을 때에 말 못하는 우상에게로 끄는 그대로 끌려 갔느니라"(고전 12:2). 이때는 이방인의 때였다. 유대인들이 하나님의 축복을 거부했을 때 그분은 그들을 흩으셨으며 많은 유대인이 꺾여 나간 감람나무에 이방인들을 접붙이셨다(롬 11:17-24 참조).

하나님께서 전에는 백성이 아니었던 자들을 긍휼히 여기셨다(벧전 2:9-10 참조). 모든 나라에 복음을 전하는 목적을 수행하게 하기 위해 이방인들을 불러들이셨으며 성령의 능력을 주셔서 이를 성취하도록 하셨다. 하나님께서 자비하심으로 말미암아 이방인들에게 돌이키셨기에 우리가 유대인들에게 속한 모든 축복을 받을 수 있는 것이다. 우리는 믿기만 하면 이 영광의 덮개 아래에 놓인 아브라함의 모든 축복을 얻을 수 있다.

> 그러므로 내가 너희에게 알리노니 하나님의 영으로 말하는 자는 누구든지 예수를 저주할 자라 하지 아니하고 또 성령으로 아니하고는 누구든지 예수를 주시라 할 수 없느니라 고전 12:3

이 마지막 때에 예수님의 주권과 그분의 정당한 지위를 강탈하려고 악하고 기만하는 영들이 보냄을 받았다. 많은 사람이 새로운 신학, 새로운 사조와 크리스천 사이언스 등 악한 것들을 접하고 있다. 이러한 악한 사이비 종교들은 하나님의 말씀의 근본적인 진리들을 부인한다. 그들은 모두 심판과 예수 그리스도의 신성을 부인한다. 이러한 잘못된 이론을 받아들이는 사람들과 마리아를 성령의 자리에 놓는 교파는 성령세례를 절대 받을 수 없다.

아무도 행위에 의해 구원받을 수 없다. 만일 당신이 그것을 믿는 누군가와 대화를 한다면 그가 거듭남에 대해 제대로 알지 못한다는 것을 느낄 것이다. 그리고 여호와의 증인도 성령세례를 받을 수 없다는 것도 알 수 있을 것이다. 이는 주 예수 그리스도께서 탁월하신 분임을 믿지 않는 다른 사이비 종교의 사람들도 마찬가지다.

여기서 가장 중요한 점은 예수님을 삶의 주인으로 삼는 일이다. "네가 만일 네 입으로 예수를 주로 시인하며 또 하나님께서 그를 죽은 자 가운데서 살리신 것을 네 마음에 믿으면 구원을 받으리라"(롬 10:9). "이를 위하여 그리스도께서 죽었다가 다시 살아나셨으니 곧 죽은 자와 산 자의 주가 되려 하심이라"(롬 14:9).

병 고침의 진리를 너무 강조하다 보면 한쪽으로 기울어질 수 있다. 항상 물세례에 대해서만 설교한다면 잘못을 범할 수도 있다. 그러나 우리가 예수님을 찬양하고 그분에게 최상의 자리를 드리며 그분을 주와 그리스도로, 그리고 '참다운 신 중의 참다운 신'(very God of very God)으로 영화롭게 해 드리면 결코 잘못될 수 없다. 성령으로 충만해지면 오직 한 가지 갈망만이 우리를 사로잡는다. 바로 그분을 영화롭게 해 드리는 일이다. 주 예수 그리스도께 완전한 계시를 받고자 한다면 성령으로 충만해야 한다. 하나님께서는 우리에게 이렇게 명령하셨다. "성령으로 충만함을 받으라"(엡 5:18). 가득 찬 잔을 지니기보다는 항상 넘쳐흐르는 잔을 원해야 한다. 넘쳐흐르는 충만함 속에서 살라.

은사의 올바른 사용

"은사는 여러 가지나 성령은 같고"(고전 12:4), "각 사람에게 성령을 나타내심은 유익하게 하려 하심이라"(7절). 성령은 믿는 자들의 모임 가운데에 운행하신다. 그분의 은사들이 역사하면 모든 사람이 유익을 얻을 것이다.

나는 어떤 행로에서 멀리 떨어져 나간 사람들을 보았다. 그들은 은사를 믿는데(특별히 예언) 이 은사를 성령의 능력과 상관없이 사용했다. 우리는 반드시 이 은사들을 성령의 능력 없이 사용하지 않도록, 어떻게, 언제, 무엇을 위해서 사용해야 하는지를 구하며 성령을 바라보아야 한다. 오늘날 사람들이 능력 없이 은사를 사용하는 것에 대해 잘 모르는 것은 매우 두려운 일이다. 절대로 이러한 행동을 해서는 안 된다. 하나님께서 우리를 여기에서 구하여 주시기를 바란다.

성령으로 충만해지는 동안 성령의 은사를 받는 것을 자각하지 못하더라도 그 은사가 나타나기도 한다. 나는 기름을 바르거나 붓는 일을 통해 사람들 위에 주님의 영광이 임하자 놀라운 역사가 일어나는 것을 많이 보았다. 하나님으로 충만하고 성령으로 충만한 사람에게는 그가 은사를 받았는지 알지 못하는 중에도 고린도전서 12장에 기록된 아홉 가지 은사 중의 하나가 나타나기도 한다.

종종 나는 은사를 받았다는 자각 없이 성령 충만으로 이사와 기적과 표적을 행하는 것이 좋은지, 아니면 은사를 받았다는 사실을 의식하고 있는 것이 좋은지에 대해 의문을 품기도 했다. 당신이 성령의 은사를 받았고 그것이 축복으로 나타났다면 하나님의 능력을 무시한 채 은사를 사용하지 않았을 것이다. 어떤 사람들은 예언 은사를 거룩한 감동 없이 사용했다가 자연적인 영역 안으로 들어가고 말았다. 그로 인해 그들은 몰락했고 만족스럽지 못한 결과를 가져왔다. 또한 여러 사람의 마음을 상하게 했으며 결국 집회를 엉망으로 만들었다. 당신이 성령 안에 머물겠다는 목적을 갖고 있지 않는 한 은사를 구하지 말라. 은사는 오직 성령의 능력 안에서만 사용되어야 한다.

지혜로운 은사 사용

주님께서 그분의 임재 안에서 당신이 성령에 잠기도록 허락하셨을지라도 사람들 사이에서는 침착하라. 나는 사람들이 오순절 날 제자들이 성령 안에서 취한 것처럼 성령에 매우 충만한 상태를 보는 것을 좋아하지만, 적절하지 않은 장소에서 성령에 취하는 것을 보면 걱정스럽다. 적절하지 않은 장소라 함은 말씀을 알지 못하는 사람들이 많이 오는 예배 장소와 같은 곳을 뜻한다. 그곳에서 당신 자신을 취하도록 허락하면 사람들은 하나님을 보는 대신에 당신에게 주목할 것이다. 당신이 절제하지 못했기 때문에 비난을 받아도 할 말이 없다.

바울의 말을 들어 보라. "우리가 만일 미쳤어도 하나님을 위한 것이요 정신이 온전하여도 너희를 위한 것이니"(고후 5:13). 당신은 스스로를 조절할 수 있다. 성령에 취하는 것보다 조금 더 나아갈 수도 있다. 적절한 장소에서 알맞은 시간에 성령에 취한다면 춤을 출 수도 있다. 모든 사람이 성령에 취해 있는 장소에서는 매우 많은 일을 자유롭게 행할 수 있다. 그러나 주위 사람들이 성령 안에 있지 않다면 그 많은 일을 함부로 해서는 안 된다. 다른 사람들에게 폐를 끼치면서까지 당신만 주님 앞에서 좋은 시간을 보내지 않도록 조심하라. 그 장소의 영적 상태와 당신의 영적 체험의 수준이 적절한지 잘 살펴보아야 한다. 그리하면 항상 축복을 누릴 수 있을 것이다.

"더욱 큰 은사를 사모"(고전 12:31)하는 것은 옳은 일이지만, 여기서 반드시 인식해야 할 점이 있다. 성령 그 자체에 충만해지는 것이 가장 중요하다. 당신이 성령으로 충만한 사람들과 함께하면 불화를 겪지 않겠지만, 은사는 받았으나 성령으로 충만하지 못한 사람들과 지내면 많은 불화를 겪을 것이다. 주님께서는 우리가 "모든 은사에 부족"(고전 1:7)하기를 원하지 않으신다. 동시에 우리가 성령에 매우 충만해져서 은사들을 통하여 성령을 나타내기 원하신다. 오직 하나님의 영광만이 나타나도록 갈망할 때 그곳에 필요한 은사가 임할 것이다. 하나님을 영화롭게 해 드리는 것이 은사들을 우상화하는 것보다 낫다. 우리는 성령의 은사를 매우 좋아한다. 그러나 은사 가운데서 반드시 삼위일체의 나타나심이 있어야 한다. "은사는 여러 가지나 성령은 같고 직분은 여러 가지나 주는 같으며 또 사역은 여러 가지나 모든 것을 모든 사람 가운데서 이루시는 하나님은 같으니"(고전 12:4-6). 우리 가운데에 삼위일체 하나님께서 충만함으로 스스로를 계시하시는 것의 의미를 이해하는가?

증기로 가득 찬 큰 기관차 보일러실을 연상해 보라. 엔진이 정지하지 않도록 증기를 내뿜는 모습을 보면 모든 것이 곧 터질 것만 같다. 우리 믿는 자들의 모습도 마찬가지다. 소리를 치기 시작하나 아무에게도 유익을 끼치지 못한다. 기관차는 그것이 만들어진 목적에 따라 움직이며 많은 물건을 실은 컨테이너 차량을 이끌어 간다. 이것은 믿는 자들이 성령의 은사를 적절히 사용할 때의 모습과도 같다.

내적 능력이 외적으로 나타나다

우리를 통하여 하나님의 목적이 이루어지기 위해 우리가 성령으로 충만해지는 것은 놀라운 일이다. 이때 우리의 입술에서 방언이 흘러나오고 마음과 입술에 기쁨이 차오른다. 내적 능력이 외적 표현으로 나타나는 것이다. 예수 그리스도를 찬양하라! 그 안에서 당신의 믿음이 북돋아지면 당신 안에서 "생수의 강이 흘러나오리라"(요 7:38). 성령이 당신에게 거대한 생명의 강 같은 것을 부어 주시며, 이를 통해 수많은 사람이 축복을 받을 것이다. 왜냐하면 당신이 성령이 흘러나오는 통로이기 때문이다.

성령으로 충만해지되 넘치도록 충만해지는 일이야말로 가장 중요하고 가치 있는 일이다. 우리는 하나님께 성령으로 충만해지라는 명령을 받았다. 충만하지 않다면 하나님을 노하게 하며 하나님의 계획에서 멀어질 수밖에 없다. 주님께서는 당신이 "믿음으로 믿음에"(롬 1:17), "영광에서 영광에"(고후 3:18), 충만한 데서 넘치는 것으로 나아가기를 원하신다. 과거에 일어났던 일에 집착하는 것은 좋은 행동이 아니다. 하나님을 믿는 그 자리로 움직여 나아가야 한다. 그분은 성령이 우리에게 임하시면 우리가 권능을 받을 것이라고 선포하셨다(행 1:8 참조). 우리가 비전을 붙잡는다면 하나님께서 산사태와 같은 폭발적인 능력을 허락하신다.

"주의 환상과 계시를 말하리라"(고후 12:1). 하나님께서 우리를 어떤 장소로 가게 하셨다면 그 장소는 그분이 최근의 계시 곧, "너희 안에 계신 그리스도"(골 1:27)의 놀라운 계시를 주시려고 예비하신 곳이다. 우리가 성령으로 충만하고 흘러넘칠 때에만 그리스도를 완전히 이해할 수 있다. 결코 아무것도 얻을 수 없는 인간적인 마음에 집중하기보다는 하나님의 성령으로 충만해지고 또 충만해지며, 새 비전과 계시에 익숙해지도록 노력하라. 성령 충만을 강조하는 이유는 당신이 인간적인 계획과 생각을 넘어서서 충만함 속으로, 주 예수 그리스도의 완전한 계시 안으로 들어가기를 원하기 때문이다.

당신은 안식을 원하는가? 예수님 안에 안식이 있다. 이 마지막 때에 마귀가 가지고 오는 모든 것에서 구원을 받기 원하는가? 성령 충만을 받고 그 안에 계속 머무르면 당신에게 필요한 모든 것을 그분이 항상 계시해 주실 것이다.

나는 성령의 사역과 성령의 나타나심의 중요성을 강조하기를 원하는데 이는 "각 사람에게 성령을 나타내심은 유익하게 하려 하심"(고전 12:7)이기 때문이다. 성령은 당신의 지적 능력과 감정과 목소리를 넘어서는 능력을 가지셨다. 그리스도를 밝히 보여 주시고, 당신의 마음의 캔버스 위에 그리스도의 비전을 설계하신다. 그러면 당신은 입술을 사용하여 결코 성령의 능력으로부터 떨어지지 않는 방법으로 그분을 칭송하고 찬미할 것이다.

성령으로 충만해졌을 때 여러 가지 일을 할 "의무를 지고 있다"라고 절대 말하지 말라. 사람들이 어떤 특정한 것을 해야 할 의무가 있다고 말할 때 이것은 성령이 아니고 그들을 쓸데없이 움직이게 하는 그들 자신의 영이다. 예를 들면, 많은 사람이 모인 기도 집회 중에 소리를 질러서 그 시간을 엉망으로 만드는 일 등이다. 그러한 일을 하고 싶다면 지하실에서 혼자 있을 때 하라. 이는 사람들에게 유익을 주지 못한다. 하나님의 성령이 임하셔서 그분이 방언을 주시는 대로 당신이 말하면 그것은 항상 사람들을 유익하게 한다.

반드시 중단해야 하는데도 혼자 큰 소리로 계속 기도함으로써 기도 집회를 망치지 말라. 누가 기도 집회를 엉망으로 만드는가? 성령으로 시작했다가 육체로 마치는 사람들이다. 기도보다 더 좋은 것은 없지만, 하나님의 성령이 말씀을 모두 마치셨는데도 스스로의 영으로 계속 기도해서는 안 된다. 우리는 어떤 집회를 마치고 돌아올 때 "설교자가 삼십 분만 빨리 설교를 끝냈으면 그 설교는 정말 훌륭했을 텐데"라고 말하기도 한다. 성령의 기름 부음이 올라갈 때 자신을 제어하는 법을 배우라. 성령은 질투하신다. 당신의 몸은 "하나님의 성전"(고전 3:16)이며, 성령의 일터다. 그분은 성전을 인간의 칭송으로 채우지 않으시고 오직 하나님의 영광으로 채우신다. 당신에게는 하나님께서 말씀하시는 것을 넘어서서 스스로 계속 말할 자격이 없다 .

하나님께서는 집회가 가능한 한 자유롭게 진행되기를 원하시지만, 우리가 성령의 역사를 방해하는 일을 해서는 안 된다. 그러한 일은 분명히 불화를 일으킨다. 새로 성령세례를 받았거나 어린 영혼들의 무절제한 모습을 받아들일 준비를 갖추라. 반드시 기억해야 할 것은, 당신이 처음으로 이 성령의 생명 안으로 들어왔을 때 당신 역시 심각하게 무절제했다는 점이다. 그러나 당신은 지금 어느 정도 '침착하게' 되었다. 어떤 사람들은 침착하게 되기는 했으나 애석하게도 초대 교회의 사람들처럼 되지는 못했다. 성령이 우리의 집회에 나타나셨을 때 우리가 성령을 간섭하여 하나님의 성령을 소멸시키지 않도록 하나님만을 바라보고 지혜를 구해야 한다. 생명이 충만한 집회를 원한다면 반드시 성령이 충만하게 나타나시도록 성령을 훼방해서는 안 된다. 그곳에 성령이 없으시면 아무도 그 집회에 오지 않을 것이다. 인간적인 관점으로 사건들을 바라보지 말고 특별한 은총에 의지하여 하나님을 바라보라.

설교자가 기름 부음을 잃었으면 그는 반드시 내적으로 회개하고 하나님과의 바른 관계를 회복하여 기름 부음을 다시 받아야 한다. 우리는 성령의 기름 부음 없이 좋아질 수 없다. 하나님의 은혜로 충만해지면 당신은 집회에 온 모든 사람을 판단하지 않을 것이고 오히려 모두를 신뢰할 것이다. 어떠한 일이 일어나도 놀라지 않고, "모든 것을 믿으며"(고전 13:7), 거기에 약간의 무절제가 있을지라도 하나님의 성령이 지배하실 것을 믿을 것이다. 그리고 주 예수 그리스도께서 높여지시고, 찬미를 받으시며, 그분을 알기 원하는 사모하는 마음 가운데에 성령이 나타나시는 것을 볼 수 있을 것이다. 주님께서는 우리가 "선한 데 지혜롭고 악한 데 미련하기를"(롬 16:19) 원하신다. 또한 우리가 불신에서 벗어나 전능의 하나님께서 분명히 모든 것을 돌보신다는 것을 믿는 예수님의 신성 안으로 들어가기를 원하신다. 할렐루야!

성령은 주 예수 그리스도를 찬미하시는 분이시며, 그분을 조명하시는 분이시다. 성령으로 충만하면 입술을 움직이지 않을 수 없다. 성령세례를 받은 영혼은 절대 잠잠히 있을 수 없다. 우리는 주님을 찬미하기 위해서 성령 충만을 받았다. 믿는 자들이 칭송하지 않고 찬미하지 않으며, 신령과 진정으로(요 4:23-24 참조) 찬양하지 않고 예배드리지 않는 집회란 있을 수 없다.

여기서 한 가지 주의할 점이 있다. 실패는 우리가 항상 몸 안에 있다는 것을 망각하는 데서 온다는 것이다. 우리가 사는 동안은 몸이 필요하지만 그 몸은 오직 하나님의 성령에 의해 사용되고 지배되어야 한다. 우리의 몸을 "하나님이 기뻐하시는 거룩한 산 제물로 드리라"(롬 12:1). 몸의 모든 지체가 마땅히 신성하게 되어 그것이 하나님의 성령과 함께 조화를 이루어 일하게 하라. 무엇보다 우리의 눈은 반드시 신성하게 되어야 한다. 하나님께서는 눈짓을 하는 눈을 미워하신다(잠 6:13 참조). 눈짓하는 자는 근심을 끼친다는(잠 10:10 참조) 사실을 잠언에서 읽은 이후로 나는 절대 눈짓을 하지 않는다. 나는 내 눈이 거룩하게 되어 항상 주님을 위하여 사용될 수 있기를 갈망한다. 하나님의 성령이 그 눈을 통해 보여 주실 영혼을 향해 안타까운 마음을 품으라.

하나님께서는 결코 상황의 순서를 바꾸지 않으신다. 처음에는 자연적인 것이 오고 그다음에 영적인 것이 온다. 예를 들면, 당신이 기도를 드릴 때 처음에는 자연적인 영역에서 시작하지만 그 뒤에 이어지는 말은 성령의 능력 아래에서 지배를 받을 것이다. 당신이 시작하면 하나님께서 끝까지 진행하신다. 성령의 능력 아래에서 목소리를 내는 것도 마찬가지다. 내부에서 성령의 움직임을 느끼며 당신이 자연적인 영역에서 말하기 시작하면 그 후에는 하나님의 성령이 당신의 목소리를 발성하게 하신다. 수많은 사람이 놀라운 축복을 놓치는 이유는 그들이 자연적인 영역에서 시작했을 때 주님께서 초자연적인 영역 안으로 데려가실 것을 믿지 못하기 때문이다.

성령을 받으면 그 안에서 하나님의 은사도 받는다. 바울은 디모데 안에 있는 은사들을 다시 "불일듯 하게 하기 위하여"(딤후 1:6) 그에게 권고했다. 당신은 당신 안에 있는 하나님의 은사를 불일듯 하게 할 능력을 지니고 있다. 당신 안에 있는 은사를 불일듯 하게 하는 방법은 믿음 안에서 시작하는 것이다. 그 후에는 그분이 필요한 것을 공급하신다. 우리가 겁과 두려움에 굴복할 때 이는 어리석게도 사탄에게 굴복하는 것이다. 사탄은 "겁과 두려움이야말로 너 자신이다"라고 속삭인다. 그는 거짓말쟁이다. 하나님의 성령이 우리를 불일듯 하게 하시면 방언으로 말하는 데 주저함이 없으며, 우리의 목소리로 발성할 수 있고, 통역할 수 있는 능력도 생긴다. 언제나 이러한 방법으로 주님께 나 자신을 굴복시키면 신적인 감동으로 충만해진다. 그럴 때 하나님의 성령으로부터 지도와 인도를 받으며, 집회에서 믿음이 활성화되어 높은 수준으로 올라갈 수 있다.

주님께서 당신을 만나 주실 것이라는 믿음을 품고 집회에 참석한다고 상상해 보라. 그러나 설교자가 하나님과 일치되어 있지 않을 수도 있고, 당신이 원하는 것을 하나님께로부터 얻지 못할 수도 있다. 그러나 주님께서는 이 모든 것을 이미 알고 계신다. 그분은 그분의 백성이 사모하는 것을 아신다. 그러면 어떤 일이 일어나겠는가? 그분은 아마도 가장 작은 그릇을 취하셔서 그분의 능력을 두실 것이다. 그 그릇이 성령에 굴복할 때 방언을 밖으로 발성할 것이다. 어떤 이는 성령에 굴복하여 통역의 영을 받을 것이다. 주님의 교회는 주님께서 그분의 백성에게 말씀하시는 것에 힘입어 더욱 성장해 나갈 것이다. 오순절파 사람들은 평상적인 설교에 만족하지 않으며, 하늘의 것들보다 못한 것들에도 만족하지 않는다. 집회 중에 무언가가 부족하여 하나님을 바라보면 그분은 모든 것을 채워 주신다.

사람이 성령으로 충만하면 자신이 무엇을 가졌는지 제대로 인식할 수 없다. 우리에게 주어진 그 능력을 알 수 있는 유일한 방법은 사역과 하나님의 성령의 나타나심을 통해서다. 당신은 베드로와 요한이 성전으로 기도하러 올라갔을 때 그들이 가진 것이 무엇인지를 알고 있었다고 생각하는가?(행 3:1-10 참조) 그들의 생각과 그 표현은 매우 제한되어 있었다. 하나님께 가까이 갈수록 우리는 더욱더 인간의 부족함을 인식하게 되며, 그래서 이사야와 같이 부르짖을 수밖에 없다. "화로다 나여 망하게 되었도다 나는 입술이 부정한 사람이요"(사 6:5). 그러나 주님께서 보배로운 피와

숯불(6-7절 참조)로 우리를 정결하게 하신다. 그분의 성령으로 능력을 주셔서 우리가 그분을 위해 일하게 하신다.

우리가 모두 자녀라는 신분의 계시 안으로 들어갈 수 있도록 하나님께서 이 성령을 부어 주셨다. 우리는 "자녀가 되는 권세"(요 1:12)를 받았다. 그분의 능력으로 우리는 주 예수 그리스도를 닮아 가고, 자녀로서의 힘을 기른다. 그분은 약한 것을 붙잡아 기운을 북돋아 주신다. 성령세례의 목적은 우리가 하나님의 자녀가 되도록 하기 위함이다(롬 1:4 참조). 우리는 인간적인 한계에 부딪히기도 하지만, 우리 안에 거하시는 거룩한 분은 그 능력에 한계가 없으시다. 우리가 반드시 믿어야 할 사실은 성령이 우리 위에 임하신 이후로 우리가 하나님의 자녀가 되었다는 점이다. 절대로 "나는 할 수 없다"라고 말하지 말라. "믿는 자에게는 능히 하지 못할 일이 없느니라"(막 9:23). 하나님께서 당신에게 필요한 모든 것을 가지셨다는 것과 능력 주시는 자 안에서 당신은 모든 것을 할 수 있다는 것을 믿으라(빌 4:13 참조).

베드로와 요한은 다락방에서 영광을 체험했고, 방언을 받았다. 그곳에 모인 사람들의 얼굴에 확신이 가득했다. 그들이 놀라운 곳으로 들어간 것이다. 그들은 가진 것이 계속 증가되도록 항상 부르짖어야 한다는 것을 깨달았다. "성령이 내 안에 계실 공간이 넓어지도록 내 그릇을 크게 해 주세요." 이전 것은 모두 지나갔다. 그들은 항상 배가하는 믿음 안으로 들어갔다. 주님께서는 매일 매시간 하나님의 성령과 능력으로 우리가 충만하기를 원하신다. 우리 안에 거하시는 하나님의 계시이신 그리스도께서 모든 능력의 원동력이시다. 베드로와 요한은 성전 미문에 앉아 있던, "나면서 못 걷게 된 이"(행 3:2)를 보며 강한 연민을 느꼈다. 그들은 성령에 의해 즉시 멈춰 서서 그에게 말했다. "우리를 보라"(4절). 그 사람의 기대대로 그를 걷게 하는 것이 하나님의 계획이었다. "은과 금은 내게 없다. 그러나 우리는 가진 다른 것을 너에게 줄 것이다. 예수의 이름으로 일어나 걸으라"(6절 참조). 그러자 하나님의 사역이 시작되었다. 믿음으로 어떤 일을 시작하면 무슨 일이 일어나는지 보라. 처음에는 숨겨졌으나 우리가 하나님 안에서 믿음을 선포할 때 그분이 나타나신다. 능력은 우리가 아니라 하나님께 속해 있다. 그분의 행하심에는 한계가 없다. 베드로가 "은과 금은 내게 없거니와 내게 있는 이것을 네게 주노니 나사렛 예수 그리스도의 이름으로 일어나 걸으라"(6절)라고 말하자, 사십 년 동안 걷지 못했던 그 사람이 일어나서 펄쩍 뛰어올랐다. 그는 성전으로 들어가면서 "걷기도 하고 뛰기도 하며 하나님을 찬송"(8절)했다.

"어떤 사람에게는 성령으로 말미암아 지혜의 말씀을"(고전 12:8) 주셨다. 성령의 능력을 떠나서는 절대 성령의 은사를 기대하지 말라. "더욱 큰 은사를 사모하라"(31절). 하나님과 그분의 영광이 충만한 곳에서 나타나는 은사들은 항상 하나님을 찬미하는 일에 집중한다. 그러나 지혜의 말씀이 나타날 때 우리가 그 모든 것을 다 알 수는 없다. 하나님께로부터 오는 한마디 말씀, 그 말씀의 한 번의 번쩍이는 빛이 수많은 함정에서 우리를 구한다. 하나님의 말씀을 듣지 않고 무엇을 세우거나 어떤 것을 가져온 사람들은 스스로의 함정에 빠지고 만다. 그들에게는 그들의 삶을 향한 하나님의 계획 안으로 그들을 데리고 올 지혜의 말씀이 부족했다. 나는 하나님께로부터 오는 지혜의 말씀이 필요했던 많은 장소에서 그 말씀을 받았다.

이와 관련된 예를 하나 들겠다. 내가 주님께 매우 감사하는 일 중 하나는 돈에 대한 욕심을 가지지 않게 하셨다는 점이다. 많은 사람이 돈을 사랑하는 걸림돌에 걸려 넘어진다. 어떤 사역자는 재정적인 것에 마음을 다 빼앗겨서 사역을 제대로 하지 못한다. 하루는 내가 산책을 하다가 맞은편에 사는 경건한 이웃을 만났다. 그는 나에게 자신의 집을 사라고 설득했다. "나와 아내가 집을 파는 문제로 대화를 나누다가 당신에게 팔아야 한다는 생각이 들었어요." 결국 나는 그와 이야기를 나누다가 그 집을 사겠다고 내뱉었다. 우리는 마음이 분주하고 바쁠 때 항상 실수를 저지른다.

아내에게 이 상황을 들려주자 이 일을 어떻게 감당할 것인지 물었다. 이때까지 모든 일을 잘 처리해 오지 않았느냐고 아내에게 말을 했지만 사실은 이번 일을 어떻게 해결해야 할지 알 수 없었다. 어쩐지 신성한 질서 밖에 내가 있는 것 같았다. 사람이 신성한 질서에서 벗어났을지라도 결국 돌아가야 할 곳은 하나님뿐이다. 그러나 이 점을 마지막에야 깨닫는 것이 문제다. 나는 한 건축가에게 재정적으로 도와달라고 청했으나 거절당했다. 이웃집에 가서 내가 내뱉었던 약속을 철회하려고 했지만 이미 엎질러진 물이었다.

아내는 "당신은 아직 하나님께 돌아가지 못했어요"라고 말했다. 이럴 때 내가 무엇을 해야 하겠는가?

우리 집에는 내가 자주 기도를 드리는 특정한 장소가 있다. 나는 거기로 가서 주님께 기도를 드렸다. "주님, 이 문제를 깨끗이 해결해 주시면 다시는 이런 종류의 걱정을 끼치지 않겠습니다." 기도를 마치고 주님을 기다렸다. 그분이 한마디의 말씀을 나에게 주셨다. 그 말씀은 내가 볼 때는 어리석어 보였지만 가장 지혜로운 조언이었다. 그분의 모든 말씀에는 신적 지혜가 담겨 있다.

나는 아내에게 이 일을 상의했다. "주님께서 웹스터(Webster) 형제에게 가라고 하셨어요. 그런데 그는 정말 가난한 사람이잖아요. 이는 매우 어리석은 일 같아요. 당신은 어떻게 생각해요?" 그는 내가 아는 사람 중에 가장 가난한 사람이었으나 또한 하나님을 알았기에 가장 부유한 사람이기도 했다.

아내는 무엇이든지 하나님께서 말씀하신 대로 하면 해결될 것이라고 대답했다.

나는 바로 그를 만나러 갔다. 그는 인사를 건네며 이렇게 일찍 무슨 일이냐고 물었다.

"하나님의 말씀을 듣고 왔어요. 삼 주 전에 집을 사겠다고 이웃집 사람과 약속했어요. 그런데 오백 불 정도가 부족해요. 돈을 마련하려고 애썼지만 구하지 못했어요. 내가 아무래도 하나님을 놓친 것 같아요."

"그런데 왜 이제야 저를 찾아오셨어요?"

"음, 왜냐하면 주님께 지난밤에야 이 일에 대해 기도했기 때문이에요."

"그렇군요. 참 신기한 일이네요. 수년 동안 협동조합에 돈을 넣었는데 삼 주 전에 오백 불을 찾아와야만 했어요. 어떻게 처리해야 할지 몰라서 돈을 침대 밑에 숨겨 두었지요. 이제 이 돈은 당신의 것입니다. 이것이 나에게는 골칫거리였지만 당신에게는 큰 축복을 가져다줄 거예요."

하나님께로부터 말씀을 받은 이후에 모든 문제가 해결되었다. 그 일을 겪고 난 뒤에 이 지혜의 말씀이 수없이 많은 방법으로 증가되어 나에게 임했다. 만일 내가 성령이 충만한 상태에서 이웃집 사람을 만났다면 그 집을 사겠다고 약속하지 않았을 것이며, 그 모든 문젯거리 때문에 고민할 일도 없었을 것이다. 주님께서는 세상의 온갖 것에서 우리를 해방시키기 원하신다. 나는 하나님께로부터 오는 그 말씀으로 인해 항상 감사한다.

나는 살면서 큰 위기들을 겪었고, 중보 기도의 큰 중압감으로 힘든 적도 있었다. 무엇을 설교해야 할지 알지 못한 채 집회에 가기도 했다. 그러나 하나님께서는 어떻게 해서든지 성령의 능력 아래에서 그 집회에 참석한 사람들에게 꼭 필요한 지혜의 말씀이 나오도록 허락해 주셨다. 우리가 하나님을 바라볼 때 그분의 마음을 알게 되고, 그분의 계시와 지혜의 말씀이 다가올 것이다.

Chapter 14

지식의 말씀과 믿음의 은사

Ever Increasing
Faith

Chapter 14

지식의 말씀과
믿음의 은사

어떤 사람에게는 같은 성령을 따라 지식의 말씀을…다른 사람에게는 같은 성령으로 믿음을 고전 12:8-9

나는 마귀가 많은 계략을 가졌고 오늘날 이전보다 더욱더 악해졌다고 믿는다. 그러나 모든 대적의 계략들을 쳐부수기 위해 이 세상에 하나님의 능력과 영광의 충만한 나타나심이 존재한다는 것 또한 믿는다.
에베소서의 말씀을 들어 보라.

평안의 매는 줄로 성령이 하나 되게 하신 것을 힘써 지키라 몸이 하나요 성령도 한 분이시니 이와 같이 너희가 부르심의 한 소망 안에서 부르심을 받았느니라 주도 한 분이시요 믿음도 하나요 세례도 하나요 하나님도 한 분이시니 곧 만유의 아버지시라 만유 위에 계시고 만유를 통일하시고 만유 가운데 계시도다 엡 4:3-6

성령세례는 우리를 하나로 만든다. 바울은 "우리가…다 한 성령으로 세례를 받아 한 몸이 되었고 또 다 한 성령을 마시게 하셨느니라"(고전 12:13)라고 선포했다. 하나님께서는 우리가 같은 것을 말하기 원하신다. 우리가 모두 성령의 완전한 계시를 받으면 모두 같은 것을 볼 것이다. 바울은 고린도 교인들에게 "그리스도께서 어찌 나뉘었느냐?"(고전 1:13)라고 물었다. 성령이 완전히 통제하시면 그리스도께서 결코 나누어지지 않는다. 그분의 몸은 나누어지지 않았고 분리되지 않았다. 불화와 분리는 인간적인 마음의 산물들이다.

지식의 말씀의 은사

우리 중에 "지식의 말씀"(고전 12:8)이 나타난다는 사실은 매우 중요하다. 지혜의 말씀을 일으키시는 성령이 동일하게 지식의 말씀을 일으키신다. 성령에 의해서 하나님의 신비의 계시가 임한다. 하나님의 성령이 나타내시는 것들을 다른 사람들에게 전달하려면 반드시 초자연적인 지식의 말씀을 받아야 한다. 하나님의 성령이 놀라운 충만함 가운데서 그리스도를 나타내시며 성경을 통해 그분을 우리에게 보여 주신다. 말씀이 우리에게 "구원에 이르는 지혜"(딤후 3:15)를 준다. 또한 하늘나라의 깊은 것을 열어 하나님의 모든 마음을 드러낸다.

수많은 사람이 성경을 읽고 공부하지만 모두 생기를 부여받지는 못한다. 성령에 의하지 않고 읽는 성경은 죽은 글이나 다름없다. 하나님의 말씀은 성령에 의하지 않고는 절대로 생생하게 살아나거나 능력이 될 수 없다. 그리스도께서 말씀하신 그 말씀은 그저 죽은 말씀이 아니라 "영이요 생명"(요 6:63)이다. 살아 계신 말씀, 진리의 말씀, 하나님의 말씀, 지식의 초자연적인 말씀이 성령의 능력으로부터 나오게 하는 것이 하나님의 목적이다. 성령은 우리의 입술이 말하게 일깨우시고 하나님의 마음의 신적 계시를 드러내신다.

하나님의 자녀는 그분의 말씀을 반드시 갈망해야 한다. "예수 그리스도와 그가 십자가에 못 박히신 것 외에는 아무 것도 알지 아니하기로 작정하였음이라"(고전 2:2). "사람이 떡으로만 살 것이 아니요 하나님의 입으로부터 나오는 모든 말씀으로 살 것이라"(마 4:4). 우리가 말씀을 먹고 그 안에 숨겨진 메시지를 묵상할 때 하나님의 성령이 우리가 받은 지식의 말씀에 활력을 부여하신다.

오래전에 거룩한 사람들 위에서 역사하셔서 영감으로 된 성경 말씀들을 주셨을 때처럼 능력과 생명이 말씀 안에서 충만하게 될 것이다. "모든 성경은 하나님의 감동으로 된 것으로"(딤후 3:16), 처음과 동일한 성령을 통하여 말씀이 우리로부터 "살아 있고 활력이 있어 좌우에 날선 어떤 검보다도 예리"(히 4:12)하게 생기를 띠고 나와야 한다.

성령의 은사들과 함께 성령의 열매들이 반드시 나타나야 한다. 지혜와 더불어 마땅히 사랑을 지녀야 하고, 지식과 함께 반드시 기쁨이 드러나야 하며, 믿음과 함께 평화의 열매를 맺어야 한다. 믿음은 항상 평화와 안식을 동반한다. 또한 불가능한 것을 가능하게 한다. 구원은 믿음과 은혜를 통해 이루어지며, "이것은 너희에게서 난 것이 아니요 하나님의 선물"(엡 2:8)이다.

믿음의 능력

우리는 믿음으로 하나님의 능력 안에서 보호받고 있다. 하나님께서 주신 믿음은 그 누구도 빼앗아 갈 수 없다. 믿음으로 하나님의 놀라운 것 안으로 들어갈 수 있다. 믿음을 세 종류로 나눌 수 있는데, 하나님의 선물인 구원하는 믿음, 주 예수 그리스도의 믿음, 그리고 믿음의 은사다. 사도행전 26장을 보면, 주님께서 바울에게 이방인들에게 가라고 명령하셨다.

> 그 눈을 뜨게 하여 어둠에서 빛으로, 사탄의 권세에서 하나님께로 돌아오게 하고 죄 사함과 나를 믿어 거룩하게 된 무리 가운데서 기업을 얻게 하리라 하더이다 행 26:18

오, 이 주 예수 그리스도의 놀라운 믿음을 보라. 나는 내가 지닌 믿음을 다 써 버렸다고 주님께 여러 번 말씀드렸는데 그때마다 주님께서는 주님의 믿음을 내 안에 베풀어 주셨다. 동역자 중 한 사람이 나에게 이렇게 고백한 적이 있다. "위글스워스 씨, 나는 결코 재정이 바닥난 적이 없어요." "하나님께 감사하세요. 당신은 하나님께서 보물을 여시는 시작에 자리 잡고 있군요." 우리가 가진 자원들이 다 떨어져야만 비로소 하나님의 풍성한 자원 안으로 들어갈 수 있다. 아무것도 소유하지 않았을 때 모든 것을 소유할 수 있는 것이다. 우리가 이처럼 산 믿음을 소유하면 주님께서 항상 우리를 만나 주신다.

아일랜드에 머물렀을 때 어느 집에 가서 문 밖에 서 있는 여자에게 말을 걸었다. "월리스(Wallace) 형제가 여기에 사나요?" "오, 그는 뱅거(Bangor)에 갔어요. 하나님께서 나를 위해 당신을 여기로 보내셨군요. 당신이 필요해요. 들어오세요." 그녀는 남편이 장로교 집사였는데 성령세례를 받았으나 교회 측에서 이 세례를 하나님께로부터 온 것으로 받아들이지 않았다고 밝혔다. 교회 사람들은 남편에게 집사 직분을 내려놓으라고 강압적으로 요구했고, 아내인 그녀도 교회에 나오는 것을 원하지 않는다고 말했다.

남편은 매우 분개해서 아내에게도 몹시 성을 냈다. 마치 악령에게 사로잡힌 것처럼 행동했기에 평화로웠던 집안은 산산이 깨지고 말았다. 결국 그는 아내에게 한 푼의 돈도 남기지 않고 집을 떠났다. 그녀는 자신이 무엇을 해야 되는지 나에게 물었다.

우리는 기도를 드리기 시작했다. 오 분도 채 지나지 않아서 그녀에게 성령이 강력하게 임하셨다. "당신은 종종 성령 안에서 이러한 상태가 되나요?" 내가 물었다.

"네. 하지만 지금은 어떻게 해야 할지 모르겠어요."

"당신이 처한 이 상황은 당신의 것입니다. 하나님의 말씀을 보면, 당신에게는 당신의 남편을 거룩하게 할 능력이 있다고 했어요(고전 7:14 참조). 하나님의 말씀을 굳게 믿으세요. 지금 제일 먼저 기도해야 할 사안은 남편이 오늘 밤 돌아오도록 하는 것입니다."

"그는 절대 오지 않을 거예요."

"우리가 같이 동의하면 이루어질 겁니다."

"동의합니다."

"남편이 집에 돌아오면 당신의 모든 사랑을 그에게 아낌없이 보이세요. 만일 그가 당신의 말을 듣지 않는다면 그럴 때는 그를 자게 두세요. 그 상황은 당신에게 달려 있어요. 하나님 앞에 무릎

꿇고 그를 위해 기도드리세요. 오늘 당신이 경험했던 바로 그 영광으로 들어가세요. 하나님의 성령이 당신을 통하여 기도하시면 하나님께서 당신이 원하는 모든 것을 주실 것입니다."

한 달 후에 집회에서 그녀를 다시 만났다. 그녀는 그날 밤에 남편이 돌아왔고, 그 뒤에 어떤 일이 생겼는지에 대해 들려주었다. 남편이 잠자리에 들자 그녀는 그의 위에 손을 얹고 승리할 때까지 기도했다고 했다. 그녀가 양손을 그의 위에 얹은 바로 그 순간 남편은 주님께 자비를 달라고 소리쳤다. 주님께서는 그를 구원하셨으며 성령으로 세례를 주셨다. 하나님의 능력은 우리의 모든 지각을 뛰어넘는다. 문제는 우리에게 하나님의 능력이 충만하게 나타날 것을 믿는 믿음이 없다는 것이다. 이는 우리의 제한적인 사고방식 때문이다. 그러나 우리가 계속 구하고 하나님께서 그분의 방법을 택하도록 해 드리면 작은 믿음에 대한 응답으로 광대하신 하나님께서는 능히 하지 못할 일이 없으시다. 그러나 당신이 하나님의 모든 능력을 지속적으로 추구하지 않으면 절대로 이러한 일이 일어날 수 없다.

하루는 열한 시 야외 집회를 마치고 돌아오니 아내가 외출하고 없었다. 아내는 미첼(Mitchell)의 집에 가 있다고 했다. 나는 그날 미첼을 보았는데 죽음 직전의 상태였다. 주님께서 그를 책임지고 낫게 하지 않으시면 그날을 넘기는 것이 불가능해 보일 정도였다.

수많은 사람이 병을 계속 끌어안고 있으면서 그들을 위하여 제공되는 주 예수 그리스도의 생명을 붙잡지 않는다. 언젠가 죽어 가는 한 여자를 만난 적이 있다. 나는 그녀에게 몸이 어떤지 물어 보았다. 그녀는 자신에게 믿음이 있다고 대답했다.

"당신에게 믿음이 없다는 것을 당신 스스로 알고 있을 거예요. 또한 죽어 가고 있다는 것도 알고 있고요. 당신이 가진 것은 믿음이 아니에요."

말과 믿음에는 차이가 있다. 나는 그녀가 마귀의 손안에 있는 것을 보았다. 마귀가 집에서 떠나가지 않으면 그곳에는 생명이 절대 머물 수 없다. 나는 마귀를 부정하며 그녀의 손을 붙잡고 소리쳤다. "죽음의 마귀야, 나오라. 내가 예수의 이름으로 너에게 명하노니 당장 떠나가라." 일 분 후에 그녀는 스스로 일어나서 승리를 외쳤다.

미첼의 상황으로 돌아가 보자. 미첼의 집으로 급하게 가고 있는데 무시무시한 비명소리가 들렸다. 무슨 일이 일어난 것이 틀림없었다.

나는 계단 맨 위쪽에 서 있는 미첼 부인에게 어떻게 된 일이냐고 물었다. 그녀는 그가 죽었다고 대답했다.

그녀를 지나 방으로 들어가자 죽은 미첼이 누워 있었다. 나는 잘 알 수 없었지만 기도를 드리기 시작했다. 내 아내는 평소에도 내가 너무 지나치다는 점을 염려하고 있었기에 이번에도 나를 말렸다. "하지 마세요. 당신은 그가 죽은 게 안 보이나요?" 그러나 나는 멈추지 않고 기도를 드렸다. 아내는 옆에서 나를 계속 말렸다.

나는 나 자신의 믿음으로 갈 수 있는 만큼 최대한으로 멀리 나아갔다. 그때 하나님께서 나를 붙잡으셨다. 오, 그것은 내가 어떤 것이라도 믿을 수 있는 그러한 붙들림이었다. 주 예수님의 믿음이 나를 붙잡자 나의 마음속으로 완전한 평화가 들어왔다. "그가 살았어요! 그가 살았어요! 그가 살았어요!" 나는 외쳤다. 그는 현재까지도 건강하게 살아 있다.

우리의 믿음과 주 예수 그리스도의 믿음에는 차이가 있다. 우리에게는 그분의 믿음이 필요하다. 시간이 흐를수록 그분의 믿음으로 변화되어야 한다. 당신의 믿음은 흔들릴 수 있다. 그러나 그리스도의 믿음은 결코 흔들리지 않는다. 당신이 그분의 믿음을 가질 때 모든 것이 완전해진다. 그분의 믿음을 가지면 어떤 상황을 있는 그대로 보지 않는다. 자연적으로 상황을 바라보는 것에서 영적으로 상황을 바라보는 것으로 변화된다. 영원한 것이 일시적인 것을 삼켜 버린다.

몇 년 전에 캘리포니아에 머물렀을 때 주목할 만한 일이 일어났다. 전혀 듣지 못하는 한 남성을 위해 기도했는데 하나님께서 그를 고치셨다는 것을 느낄 수 있었다. 그러나 곧 시험이 닥쳤다. 그는 항상 의자를 강단 위로 옮겨서 앉아 있다가 내가 설교하러 일어설 때마다 아주 가까운 거리에서 본인도 일어나서 내 말을 들으려고 귀를 쫑긋거렸다.

마귀가 "아직 끝나지 않았다"라고 속삭였다.

나는 "그 일은 완성되었다"라고 선포했다.

삼 주간 이러한 일이 계속된 후에 성령의 나타나심이 임했다. 육십 야드나 떨어진 곳에서도 그는 분명하게 들을 수 있었다. 매우 위대한 일을 경험한 그는 집회에서 모든 사람에게 간증하고 싶어 했다. 얼마 전에 오클랜드(Oakland)에서 그를 만났는데 그는 계속 완전하게 들을 수 있는 상태였다. 우리가 믿음의 터전 위에 견고하게 서서 움직이지 않을 때 우리가 믿는 것의 완전한 나타나심을 보게 될 것이다.

믿음의 은사

사람들이 나에게 "당신은 믿음의 은사를 가지고 있지 않나요?"라고 묻는다. 나는 그것이 중요한 은사지만 더 중요한 것은 순간순간 하나님 안에서 우리가 발전해 나가는 것이라고 생각한다. 하나님의 말씀을 읽을수록 그 실재가 과거보다 더욱더 거대하게 나에게 임한다. 이는 하나님께서 언제나 발전을 주신다는 가장 장대하고 즐거운 진리다. 이 성령의 삶 안에는 죽은 것, 메마른 것, 무익한 것이 없다. 하나님께서는 항상 우리를 높은 곳으로 움직여 가신다. 우리가 성령 안에서 움직이면 어떤 상황이 발생할 때 믿음이 더욱 강력해진다.

이것이 믿음의 은사가 나타나는 방법이다. 어떤 일이 일어났을 때 스스로의 믿음이 그 상황 속에서 아무 의미도 없다는 것을 깨달은 적이 있는가? 내가 샌프란시스코(San Francisco)에 가 있었을 때의 일이다. 전차를 타고 가다가 길가에서 한 소년이 매우 아파하는 모습을 보았다. 나는 얼른 내려서 그 소년이 있는 곳으로 달려갔다. 소년은 위경련으로 고통스러워했다. 나는 예수의 이름으로 소년의 배 위에 손을 얹었다. 소년은 뛰어오르고 소리를 지르다가 나를 쳐다보았다. 그 순간 소년이 고통에서 벗어난 것을 알 수 있었다. 믿음의 은사는 모든 면에서 우리를 용감하게 한다. 우리가 성령 안에 있을 때 하나님의 성령이 이 은사를 언제 어디서나 역사하게 하신다.

하나님의 성령이 사람 안에서 이 은사를 활성화시키시면 그 사람은 하나님의 계획을 알 수 있다. 손 마른 사람이 회당에 있을 때 예수님께서는 모든 사람에게 어떤 일이 일어날 것인지를 보게 하셨다. 믿음의 은사는 언제나 결과를 정확히 알게 한다. 예수님께서 손 마른 사람에게 "손을 내밀라"(마 12:13)라고 말씀하셨다. 그분의 말씀에는 창조하는 힘이 있었다. 그분은 추측하지 않으셨다. 그분이 말씀하시자 어떤 일이 일어났다. 태초에 그분이 말씀하시자 세상이 창조되었다. 그분은 오늘날에도 말씀하고 계시기에 내가 지금 묘사한 것들과 같은 일들이 반드시 일어날 것이다.

그분은 하나님의 아들이시며, 그분이 우리를 자녀의 신분으로 데리고 들어가셨다. 그분은 부활의 "첫 열매"(고전 15:20)이셨으며, 자신과 같은 동일한 "첫 열매"(약 1:18)가 되게 하려고 우리를 부르신다.

여기서 중요한 점이 있다. 인간적인 욕구를 가지고서는 은사를 받을 수 없다는 점이다. 하나님의 성령이 "그의 뜻대로 각 사람에게 (은사를) 나누어"(고전 12:11) 주신다. 하나님께서는 겸손하고 깨어졌으며 죄를 깊이 뉘우치는 마음을 가진 사람들을 신뢰하신다(사 66:2 참조).

의사들과 저명한 사람들, 그리고 목회자들이 많이 모였던 집회에 하나님의 능력이 임했다. 음식을 나르는 일을 돕던, 보잘것없고 겸손한 어린 소녀가 주님께 자신을 열어 드리자 곧 성령으로 충만해져서 방언으로 말하기 시작했다. 참석한 모든 사람이 목을 빼고 무슨 일이 일어나고 있는지 지켜보았다. 그들은 이 소녀가 누구인지 궁금해했다. 소녀가 아주 초라한 여종이라는 것이 알려졌다. 그날 소녀를 제외하고는 아무도 성령을 받지 못했다! 하나님께서는 성령의 은사를 "지혜롭고 슬기 있는 자들에게는 숨기시고"(마 11:25) 감추시나 어린아이들처럼 겸손한 이들에게는 나타내신다. 우리가 서로 다르다는 것을 지나치게 의식하면 믿음을 받을 수 없다. 하나님과 함께 나아가는 자는 사람들 사이에서의 명예를 중요하게 생각하지 않는다. 하나님께서는 깨어지고 통회하는 마음을 지닌 사람에게 명예를 주신다. 우리가 어떻게 해야 그 자리에 설 수 있을까?

매우 많은 사람이 거대한 일을 행하기 원하고, 그 행함이 드러나기를 원하지만 하나님께서는 겉으로 드러나는 것을 원하지 않는 사람을 쓰신다. 주 예수님께서는 어떠한 일들을 행하실 것이라고 말씀하지 않으셨지만 그 일들을 이루셨다. 과부의 독자가 죽어 장례 행렬이 나인 성에서 나오고 있을 때 예수님께서 관을 내려놓게 하셨다(눅 7:11-14 참조). 그분이 "일어나라"(14절)라고 말씀하시자 죽었던 자가 일어나 앉았다. 예수님께서 과부에게 아들을 돌려주셨다. 그분은 과부를 무척 불쌍히 여기셨다. 우리가 깊은 동정심을 품지 않고는 아무 일도 이룰 수 없다. 그리스도의 불쌍히 여기시는 마음이 우리에게 오도록 아주 깊이 성령의 능력에 잠기기 전까지는 절대로 암을 물리칠 수 없다.

주님께서는 행하신 모든 일을 그분이 하신 것이 아니라 그분 안에 계신 다른 분이 하셨다고 말씀하셨다(요 14:10 참조). 이 얼마나 거룩한 복종인가! 그분은 오직 하나님의 영광을 위한 도구였다. 우리는 은사를 사용할 만큼 신뢰받을 위치까지 도달했는가? 고린도전서 13장을 보면, "또 산을 옮길 만한 모든 믿음이 있을지라도 사랑이 없으면 내가 아무 것도 아니요"라는 말씀이 나온다. 나의 사랑이 하나님 안에서 매우 깊어졌을 때 오직 하나님의 영광을 위해서만 움직이며, 오직 하나님의 영광만을 구하면 은사들이 나타날 것이다. 하나님께서는 겸손한 사람들에게 그분의 영광을 나타내신다. 나약한 마음으로는 결코 은사를 받을 수 없다. 여기에는 반드시 사랑과 결단이 필요하다. 담대한 믿음이 하나님께서 그분의 말씀을 이루시게 하는 원인이 된다.

내가 성령세례를 받았을 때 경이로운 시간을 보내면서 성령 안에서 방언으로 말했지만 얼마 지나지 않아서 방언이 끊겼다. 그러다가 사람들에게 사역을 하는 중에 주님께서 다시 성령 안에서 방언을 주셨다. 하루는 길을 걸으면서 계속 방언으로 말하고 있었다. 그곳에 있던 정원사들이 일을 하다가 나를 보더니 울타리 너머로 고개를 내밀어 어떤 일이 벌어지고 있는지 지켜보았다. "주님, 나를 위해 새로운 것을 예비하셨군요. 방언을 말하면 마땅히 통역을 구하라고 하셨지요. 내가 통역을 구합니다. 그것을 얻을 때까지 이곳에서 움직이지 않겠습니다." 그 순간 주님께서 나에게 통역의 영을 베풀어 주셨다.

영국의 링컨셔(Lincolnshire)에 머물면서 한 감독교회의 나이 많은 교구목사와 교제를 나눈 적이 있다. 그는 나의 말에 매우 흥미를 보이면서 서재로 들어가자고 했다. 그는 곧 기도를 드리기 시작했다. "주님, 나를 거룩하게 해 주세요. 주님, 나를 성화되게 해 주세요."

나는 큰 소리로 그에게 이렇게 말했다. "일어나세요! 지금 일어나세요! 일어나서 의자에 앉으세요." 그가 앉아서 나를 쳐다보았다.

"나는 당신이 거룩한 사람이라고 생각했어요."

"그렇습니다." 그가 대답했다.

"그런데 그분이 이미 당신에게 주신 것을 왜 다시 달라고 구하나요?"

그는 웃다가 곧 방언을 받았다.

우리는 믿음의 영역 안으로 들어가 그 안에서 살면서 하나님께서 그분의 방법으로 행하시도록 자신을 드려야 한다.

Ever Increasing Faith

Chapter 15

병 고치는 은사와
능력 행함

Ever Increasing
Faith

Chapter 15

병 고치는 은사와
능력 행함

어떤 사람에게는 한 성령으로 병 고치는 은사를, 어떤 사람에게는 능력 행함을 고전 12:9-10

하나님께서 이 마지막 때에 우리에게 많은 것을 주셨다. "많이 받은 자에게는 많이 요구할 것이요"(눅 12:48).

너희는 세상의 소금이니 소금이 만일 그 맛을 잃으면 무엇으로 짜게 하리요 후에는 아무 쓸 데 없어 다만 밖에 버려져 사람에게 밟힐 뿐이니라 마 5:13

우리 주 예수님께서는 다른 곳에서도 위의 구절과 비슷한 말씀을 하셨다. "사람이 내 안에 거하지 아니하면 가지처럼 밖에 버려져 마르나니 사람들이 그것을 모아다가 불에 던져 사르느니라"(요 15:6). 또한 이와는 반대의 말씀도 하셨다. "너희가 내 안에 거하고 내 말이 너희 안에 거하면 무엇이든지 원하는 대로 구하라 그리하면 이루리라"(7절).

오늘날 우리가 주님과 함께 움직이지 않으면, 계시된 진리의 빛 안에서 걷지 않으면, 우리는 맛을 잃은 소금과 마른 가지처럼 될 것이다. 한 가지 사실을 반드시 명심하라. "뒤에 있는 것은 잊어 버리고"(빌 3:13). 과거의 실패와 과거의 축복에 얽매이지 말라. 우리는 앞에 있는 것을 잡으려고 "푯대를 향하여 그리스도 예수 안에서 하나님이 위에서 부르신 부름의 상을 위하여 달려가"(14절)야만 한다.

주님께서는 여러 해에 걸쳐 나를 영적 침체에서 이끌어 지켜 주셨다. 웨슬리 감리교회를 섬기면서 나는 내가 구원받았다는 사실과 문제가 없다는 점을 확신했다. 그러나 주님께서 나에게 "그 교회를 떠나라"라고 하셔서 이에 순종했다.

형제 교회라고 알려진 곳에 있었을 때도 나는 이제는 문제될 것이 없다고 확신했다. 그러나 주님께서 "그곳을 나오라"라고 하셨다.

이번에는 구세군으로 옮겼다. 그곳은 생명이 충만했고 부흥이

곳곳에서 일어났다. 하지만 구세군도 자연적인 현상 안으로 들어갔기에 초창기에 일어났던 거대한 부흥이 중단되었다. 역시 주님께서 "나오라"라고 하셨다. 나는 세 번씩이나 나와야만 했다.

우리가 지금 경험하는 이 오순절 부흥은 주님께서 오늘날 세상에 보내 주신 것 중 가장 좋은 것이라고 나는 믿는다. 그리고 하나님께서 점점 발전하는 이 부흥 안에서 어떤 것을 일으키실 것임을 믿는다. 하나님께서는 그분과 그분의 의를 더욱더 사모하지 않고 갈망하지 않는 사람은 그 누구도 쓰지 않으신다.

주님께서 우리에게 "더욱 큰 은사를 사모하라"(고전 12:31)라고 말씀하셨기에 그분께 최상의 영광을 드릴 수 있도록 그 은사들을 진지하게 구해야 한다. 어떤 사람들은 병 고치는 은사를 사용할 때는 영 분별의 은사도 필요하다고 말하지만, 그 은사가 없더라도 우리가 병자들을 치료할 때 성령이 우리를 위하여 신적인 계시를 베푸실 것이라고 생각한다.

대부분의 사람은 자신들이 분별력을 가졌다고 생각한다. 그러나 그들의 분별력을 일 년 동안 스스로에게 적용하면 다시는 '분별하는 것'을 원하지 않을 것이다. 영 분별의 은사는 남을 비판할 때 사용하는 은사가 아니다. 나는 지금의 오순절 운동이 만족스럽다. 우리에게 더 필요한 것은 더 완전한 사랑이다.

완전한 사랑은 자신의 것이 특출하기를 바라지 않는다. 결코 다른 것의 자리를 취하려고 하지 않는다. 사랑은 항상 뒤쪽의 의

자에 앉기를 원한다. 성경 집회에 가면 그곳에는 언제나 메시지를 주려는 사람과 듣기를 원하는 사람들이 있다. 당신이 어느 집회를 인도하러 가야겠다고 마음먹었다면 마음속에 세 가지 정도의 이유가 자리 잡고 있을 것이다. 메시지를 들려주려는 마음, 보이기 위한 마음, 재정적인 것들을 원하는 마음.

우리는 오직 그리스도의 사랑이 우리를 강권하시는 대로 행동해야 하며 이로 인해 그분을 섬길 수 있다. 설교자는 재정적인 문제에 사로잡힐 때 목회에 실패하고 만다. 성도들을 감동시켜서 선교사들을 후원하기 위한 것을 제외하고는 많은 물질을 모으는 일에 온 힘을 쏟지 말라. 선교사들을 도우려고 많은 헌금을 거두는 설교자는 결코 두려워하지 않는다. 주님께서 그의 재정을 책임져 주실 것이다.

설교자는 집회 장소에 가서 하나님께서 자신을 보내셨다고 말해서는 안 된다. 나는 설교자들이 그러한 말을 하면 두렵고 조심스럽다. 하나님께서 그를 보내셨다면 그가 말을 하지 않아도 성도들은 그 사실을 느낀다. 하나님께서 그분의 백성을 위한 계획을 지니셨고, 그분이 원하시는 곳에 우리를 보내실 것이라는 완전한 확신 속에서 살아가야 한다. 다른 것을 구하지 않고 오직 하나님의 뜻을 구하면 그분이 당신을 정확한 때에 알맞은 장소로 인도하실 것이다.

병 고치는 은사와 능력 행함은 성령의 계획 중의 한 부분이다.

그 계획을 따라서 사역할 때 이 은사들이 나타나는 것을 당신이 보기를 원한다. 성령의 움직임과 하나님의 음성을 느낄 수 있어야 한다. 사역하는 중에 성령의 은사들이 나타나는 것을 보려면 먼저 하나님의 뜻을 알아야 한다.

병 고침을 행함

병 고침의 은사는 매우 다양하게 나타난다. 열 사람이면 열 사람 모두 병 고침의 은사가 나타나는 방식이 다르다. 나는 병자와 함께 침실에 있을 때마다 주님 안에서 한없이 기뻐한다. 다른 어떤 때보다 침대 옆에서 병자들에게 사역하고 있을 때 주님의 임재와 더 많은 계시를 받았다. 그 은사가 그곳에 임하여 치유받기를 원하는 사람들에게 깊은 동정심을 지니고 나아가기에 주님께서 그분의 존재를 드러내시는 것이다. 당신은 그들의 상태를 분별할 수 있다. 그런 후에 앞에 펼쳐진 상황을 해결하기 위해서는 반드시 성령으로 충만해져야 한다는 것을 알 수 있게 될 것이다.

병자들을 만나면 그들이 성경에 대해서 무지하다는 것을 가끔 발견하곤 한다. 그들은 통상적으로 세 개의 성경 구절을 알고 있다. 바울이 언급한 "사탄의 사자"(고후 12:7), 바울이 디모데에게 말한, "네 위장과 자주 나는 병을 위하여는 포도주를 조금씩 쓰라"(딤전 5:23)라는 말씀이다. 성경의 어디에 기록되어 있는지 잘 모르지만 바울이 병든 사람들을 어딘가에 두었다는 것을 알고 있다(딤후 4:20 참조). 대부분의 사람이 육체의 가시를 가지고 있다고 생각한다. 병자들을 다룰 때 가장 중요한 점은 그의 상태를 정확하게 분별하는 일이다. 당신이 성령의 능력 아래에서 사역한다면 주님께서 그에게 무엇이 가장 도움이 되는지, 그리고 무엇이 그의 믿음을 고취시킬 수 있는지를 당신에게 알려 주실 것이다.

내가 배관공으로 일하고 있었을 때도 나는 병자들을 위해 기도하는 일을 즐거워했다. 긴급하게 연락이 오면 씻지도 못하고 달려가서 내 손들이 온통 검은 상태로 병자들에게 설교했다. 그럴 때마다 나의 마음이 사랑으로 달아올랐다. 당신이 병자들을 위해 기도할 때 당신의 마음은 반드시 그 가운데에 있어야 한다. 신성한 동정심을 품고 암의 밑바닥까지 들어가야 한다. 그때 성령의 은사들이 역사하는 모습을 보게 될 것이다.

폐병에 걸려 의사도 포기해 버린 한 젊은 여자를 만나러 간 적이 있다. 가서 보니 하나님께서 개입하지 않으시면 그녀가 사는 것은 불가능해 보였다.

나는 그녀의 어머니에게 이제 그만 잠자리에 들라고 말했다.

그녀는 삼 주간 제대로 잠을 자 본 적이 없다고 대답했다. 식구들에게도 자러 가라고 말해 보았지만 그들은 모두 거부했다.

나는 외투를 입었다. "안녕히 계세요. 나는 가겠습니다."

"오, 우리를 떠나지 마세요."

"나는 이곳에서 아무것도 할 수 없습니다."

"만일 당신이 여기에 머무른다고 하면 우리가 모두 자러 갈게요."

나는 하나님께서 단지 인간적인 동정심과 불신의 분위기에서는 역사하지 않으신다는 것을 느꼈다. 그들이 자러 간 사이에 나는 병자의 침대 곁으로 가서 꿇어앉았다. 그 시간은 확실히 죽음과 마귀와 대면하는 시간이었다. 그러나 하나님께서는 가장 어려운 상황을 바꾸실 수 있는 분이시다. 또한 그분은 자신이 전능한 분임을 우리가 알도록 하신다.

이윽고 싸움이 시작되었다. 하늘이 노랗게 보일 정도로 힘든 싸움이었다. 나는 밤 11시 30분부터 새벽 3시 30분까지 기도를 드렸다. 병자의 얼굴에 잠깐 희미한 빛이 떠올랐다. 그리고 곧 죽음을 맞이했다. 그 순간 사탄이 속삭였다. "이제 너는 끝났다. 네가 브래드퍼드에서 왔지만 그녀는 너의 손에서 죽었다."

나는 소리쳤다. "그러한 일은 있을 수 없다. 하나님께서 아무 것도 아닌 일로 나를 이곳에 보내셨을 리가 없다. 지금은 힘을 바꾸는 시간이다."

문득 "항상 기도하고 낙심하지 말아야 할 것"(눅 18:1)이라는 구절이 기억났다. 하나님께서는 전능하시며, 홍해를 가르신 그분은 오늘날에도 동일하게 역사하시는 분임을 깨달았다. 내가 "아니다"를 받아들이지 않는 때가 하나님께서 "그렇다"라고 하시는 시간이다.

창문 쪽에서 예수님의 얼굴이 나타났다. 마치 백만 줄기 빛의 광선이 그분의 얼굴에서 나오는 것처럼 보였다. 주님께서 방금 죽은 그 여자를 쳐다보시자 그녀의 얼굴색이 되돌아왔다. 그녀는 돌아눕더니 곧 잠에 빠져들었다. 나는 주님과 영광스러운 시간을 보냈다. 그녀는 아침에 일찍 일어나서 옷을 입고 피아노로 걸어갔다. 그리고 피아노를 치며 감격스러운 노래를 불렀다. 그녀의 어머니와 형제자매들이 모두 노래를 들으러 내려왔다. 주님께서 개입하셨다. 그리고 기적이 일어났다.

주님께서 이러한 방법으로 우리를 부르신다. 나는 힘들 때마다 오히려 주님께 감사드린다. 주님께서 우리를 그분과 연합하는 마음 안으로 부르셨다. 그분은 그분의 신부가 자신과 한 영과 한마음을 갖기 원하시며 그분이 사랑하시는 일을 하게 하신다. 그때 기적이 일어난다. 그녀의 폐가 병들어서 거의 일부만 남아 있는 상태였는데 주님께서 그 폐를 회복시키셔서 완전하게 하셨다.

병 고치는 은사와 반드시 같이 와야 하는 성령의 열매는 오래 참음이다. 하나님 안에서 지속적으로 병 고침에 쓰임 받는 사람은 반드시 오래 참는 사람이 되어야 한다. 그는 항상 위로의 말을 할 준비가 되어 있어야 한다. 만일 병자가 절망에 빠져 나약한 상태라서 당신과 모든 일에 의견이 일치하지 않을지라도 그를 품어 주어야 한다. 우리 주 예수 그리스도께서는 동정심으로 가득하셨고, 오래 참음의 열매 안에서 일하셨다. 우리를 필요로 하는 사람들을 돕기 원한다면 반드시 이 열매를 맺어야 한다.

병자들을 위해 기도하다 보면 혹시 내가 그들에게 심하게 대하는 것은 아닌가 하는 생각이 들기도 한다. 그러나 우리는 그 사람을 상대하는 것이 아니라 그를 묶고 있는 사탄의 세력들에 대항하는 것이다. 우리 안에 사랑과 측은히 여기는 마음이 가득하더라도 마귀가 병든 사람의 몸 안에서 거하는 장소를 볼 때면 거룩한 분노를 품고 진정한 힘으로 마귀를 제압해야 한다.

애완견이 그 주인을 따라 집 밖으로 나와서 그녀의 발 주위로 뛰어다녔다. 외출하려던 그녀는 "사랑스러운 것, 그런데 오늘은 너와 놀아 줄 수가 없단다"라고 말했다. 그 개는 꼬리를 흔들어 대며 크게 짖었다. 그녀는 집으로 들어가라고 상냥하게 말했다. 그러나 개는 듣지 않았다. 결국 그녀가 거칠게 "집으로 들어가"라고 소리치자 그제야 집으로 갔다. 어떤 사람들은 마귀를 그렇게 다룬다. 마귀는 당신이 그에게 베푸는 모든 위로를 받아들인다. 그를 쫓아내라! 당신은 사람을 상대하고 있는 것이 아니다. 마귀를 다루고 있는 것이다. 마귀의 세력은 주님의 이름으로 반드시 몰아내야 한다.

병을 다룰 때 마귀를 함께 다루는 것이 좋다. 많은 병이 나쁜 행실에서 비롯된다. 병에는 잘못되거나 방치한 무언가가 들어 있고, 대적이 침입하는 통로가 된다. 그러므로 무슨 일로 마귀가 들어오게 되었는지(엡 4:27 참조) 고백하고 회개하도록 하는 일이 필요하며, 그 후에 그것을 다루어야 한다.

암 환자를 만난다면 살아 있는 악한 영이 환자의 몸을 파괴하고 있다는 것을 인지해야 한다. 언젠가 로스앤젤레스(Los Angeles)에 있을 때 암이 점점 자라고 있는 한 부인을 만나 기도를 해 주었다. 내가 암을 저주하자마자 즉시 출혈이 멈추었다. 암이 죽은 것이다. 그리고 몸속에서 무언가가 빠져나왔다. 자연적인 몸에는 죽은 것이 있을 자리가 없다. 그 덩어리는 수많은 섬유 조직으로 이루어진 큰 공처럼 보였다. 섬유 조직들이 몸 밖으로 밀려 나온 것이다. 악한 세력들이 그 몸에 더 붙어 있으려고 했으나 그들이 파괴된 순간 그들을 붙잡고 있던 것이 떠났다. 주님께서는 제자들에게 풀고 매는 능력을 주셨다고 말씀하셨다(마 16:19 참조). 성령의 능력으로 대적에게 포로 된 자들을 풀고 억압당하는 자들을 자유롭게 하는 것이야말로 우리의 특권이다.

요한일서에서 당신의 위치를 확인하라. 그리고 선포하라. "너희 안에 계신 이가 세상에 있는 자보다 크심이라"(요일 4:4). 마귀의 능력에 대적하는 분이 당신이 아니라 당신 안에 계신 크신 분임을 인식하라. 오, 그분으로 충만하게 된다는 것이 무엇을 의미하는지 이해했는가? 당신 혼자서는 아무것도 할 수 없다. 그러나 당신 안에 계신 그분이 승리를 이룰 것이다. 당신의 존재는 성령의 회당이 되었다. 당신의 입과 마음, 당신의 전 존재가 하나님의 성령에 의해 쓰임 받으며 사역해야 한다.

노르웨이의 한 도시에 갔을 때 천오백 명이 들어갈 수 있는 강당에서 집회를 열기로 했다. 하지만 그곳에 도착해 보니 이미 가득 차서 수백 명이 밖에서 들어가려고 애를 쓰고 있었다. 몇 명의 경찰도 배치되어 있었다. 나는 강당 밖에 있는 사람들을 향해 설교를 했다. 그리고 경찰들에게 이렇게 부탁했다. "안에 있는 사람보다 밖에 있는 사람들이 더 많아서 내 마음이 아픕니다. 이들에게 반드시 설교를 해야겠다는 생각이 드네요. 더 큰 곳에서 설교할 수 있도록 도와주십시오." 그들이 거대한 공원에 큰 스탠드를 세워 주어서 수천 명을 상대로 설교를 전할 수 있었다.

설교 후에 병 고침의 놀라운 기적들이 일어났다. 한 사람은 백 마일이나 떨어진 곳에서 왔는데 위에 큰 암 덩어리가 있어서 한 달이 넘도록 음식을 먹을 수 없었다고 밝혔다. 그 집회에서 치유를 받은 그는 그가 집에서 싸온 음식을 사람들이 보는 앞에서 먹었다.

손이 굳은 젊은 여자는 어렸을 때 그녀의 어머니가 자신의 손이 굳을 때까지 방치해 두었다고 했다. 이 젊은 여자는 성경에 나오는, "귀신 들려…꼬부라져 조금도 펴지 못하는 한 여자"(눅 13:11)처럼 보였다. 나는 예수의 이름으로 내 앞에 서 있는 그녀 안의 마귀를 저주했다. 마귀는 곧바로 쫓겨나갔다. 그리고 그녀의 팔은 자유롭게 움직일 수 있게 되었다. 그녀가 주위를 향해 손을 흔들었다.

집회가 끝날 무렵, 마귀가 두 사람을 발작을 일으키게 한 후에 땅으로 던졌다. 마귀가 스스로를 드러낼 때 그때가 바로 그를 제압할 적기다. 두 사람 다 마귀에서 해방되었고, 일어서서 주님께 감사하며 찬미를 드렸다. 그리고 주님과 얼마나 놀라운 시간을 보냈는지 모른다.

정신을 새롭게 해서 하나님을 믿는 일에 전심을 다해야 한다. 하나님께서 지금의 상황으로 인도하시기 전에 나를 수없이 깨뜨리셨다. 나는 울었고, 신음했으며, 하나님께서 나를 완전히 깨뜨리시기 전까지 여러 날 동안 큰 고통을 겪었다. 그분이 당신을 단련하시기 전까지는 다른 사람을 위한 오래 참음과 인내를 소유할 수 없다. 하나님께서 우리에게 주시는 신적인 능력 위에 서지 않고는, 또한 "모든 일을 행한 후에"(엡 6:13) 믿음으로 서 있지 않고는, 결코 병 고침의 은사와 능력 행함의 은사를 소유할 수 없다.

우리는 이 마지막 때에 놀라운 기적들을 목도했다. 이는 앞으로 목도할 기적 중 일부에 불과할 것이다. 우리가 이 놀라운 기적들의 출발점에 있지만 내가 강조하는 바는 이 모든 것이 오직 성령의 능력을 통해서만 이루어질 것이라는 점이다. 이 은사들이 당신 위에 익은 감처럼 뚝 떨어질 것이라고 생각하지 말라. 당신이 얻을 모든 것은 대가를 치러야 한다. 진심으로 하나님의 최상의 은사들을 갈망하고, 주님께서 통과하게 하시는 어떠한 과정도 "아멘" 하며 받아들여야 한다. 그러면 성령이 의도하신 대로 하나님의 사역에 겸손하게 쓰임 받는 그릇이 될 수 있을 것이다.

Ever Increasing
Faith

Chapter 16

예언의 은사

Ever Increasing
Faith

Chapter 16

예언의 은사

어떤 사람에게는 예언함을 고전 12:10

고린도전서 12장에서 사도 바울은 성령이 주시는 다양한 은사들을 언급한다. "사랑을 추구하며 신령한 것들을 사모하되 특별히 예언을 하려고 하라"(고전 14:1)라는 말씀에서는 예언의 은사가 귀한 은사임을 알 수 있다. "그러나 예언하는 자는 사람에게 말하여 덕을 세우며 권면하며 위로하는 것이요"(3절). 이 말씀은 정말 중요하다. 성도들이 세워져서 강해지고 하나님의 위로가 충만하도록 교회 안에서 이 은사를 드러내야 한다. 그러나 다른 은사들처럼 모든 사람이 예언을 들을 수 있도록, 성령의 능력으로 활성화되고 성령의 기름 부음 안에서 받아야 한다. 예언의 은사는 진실로 듣는 사람들의 덕을 위하여 하나님께서 주시는 은사다. 성령은 "하나님의 깊은 것"(고전 2:10)을 취하셔서 그것들을 나타내시며, 하나님의 계시를 선포하려는 선지자에게 기름을 부으신다.

예언을 말하는 일에는 듣는 사람에게 기운을 북돋아 주고, 진리의 빛을 발산하는 능력이 있다. 예언은 결코 우리 마음속에 있는 것을 반영하는 말이 아니다. 그보다 더 깊고 심오한 그 무엇이다. 예언을 통해 주님의 마음을 받을 수 있다. 주님의 성령이 주시는 신선한 축복의 말을 받을 때 그 모임이 영적 영역 안으로 들어가게 되고, 우리의 마음과 정신과 온몸이 그 말씀 안에서 소생한다. 성령이 예언을 일으키실 때 거기에는 병 고침, 구원, 그리고 말씀의 모든 능력이 들어 있다. 그러므로 이 은사는 마땅히 갈망해야 하는 은사 중 하나다.

거짓된 예언과 진실한 예언

모두 진실한 예언을 원하지만 성경에서 거짓된 예언에 대해 분명하게 경고하고 있다는 것을 잊지 말아야 한다. 요한일서 4장 1절을 보라. "사랑하는 자들아 영을 다 믿지 말고 오직 영들이 하나님께 속하였나 분별하라 많은 거짓 선지자가 세상에 나왔음이라." 요한은 계속해서 진실과 거짓의 차이를 어떻게 분별할 수 있는지 다음과 같이 말해 준다.

> 이로써 너희가 하나님의 영을 알지니 곧 예수 그리스도께서 육체로 오신 것을 시인하는 영마다 하나님께 속한 것이요 예수를 시인하지 아니하는 영마다 하나님께 속한 것이 아니니 이것이 곧 적그리스도의 영이니라 오리라 한 말을 너희가 들었거니와 지금 벌써 세상에 있느니라 요일 4:2-3

예언처럼 여겨지는 음성들 즉, 거짓된 예언을 듣고 어떤 성도들은 무서운 암흑세계로 빠지거나 그 예언에 결박되어 버린다. 진실한 예언은 항상 그리스도를 높이고, 하나님의 아들을 찬미하며, 예수 그리스도의 보혈을 높이고, 참되신 하나님을 찬미하며 예배하도록 격려한다. 거짓된 예언은 덕을 세우지 않는 것들을 다루며, 듣는 자들의 마음을 허황되게 부풀게 하여 실수를 부추긴다.

많은 사람이 마귀를 거대하고, 큰 귀와 눈과 꼬리를 가진 추악한 괴물로 생각한다. 그러나 성경은 마귀를 그렇게 그리지 않는다. 마귀는 위대하고 아름다운 존재였지만 하나님께 대항하는 마음으로 스스로를 높였다. 그는 오늘날 어디에서나 자신을 "광명의 천사"(고후 11:14)의 모습으로 나타낸다. 그는 매우 교만하며, 당신이 주의하지 않으면 언제라도 당신이 매우 특별한 사람인 것처럼 착각하도록 만든다. 대부분의 설교자와 대다수의 사람의 약점이 여기에서 나온다. 바로 자신을 특별한 존재라고 여기는 것이다. 우리 중 누구도 특별하지 않으며, 자신에 대해 더 많이 알수록 아무것도 아닌 존재라는 것이 더 분명히 드러난다. 그러나 우리가 이 점을 깨달을 때 하나님께서 우리를 그분의 능력의 통로로 사용하신다. 나는 사랑의 주님께서 우리가 교만하여 계속 곁길로 빠지는 것(이것이 마귀의 덫이다)에서 우리를 구원하여 주시기를 소망한다. 진실한 예언은 그리스도께서 "만물 안에서 만물을 충만하게 하시는 이"(엡 1:23)라는 진리와 당신은 당신 자체로는 아무것도 아니며 너무나도 작은 존재라는 것을 드러내 준다. 거짓된 예언은 그리스도를 찬미하지 않으며, 당신이 모든 사람보다 위대한 사람이 될 것이라는 생각을 갖게 한다. 이러한 생각은 매우 교만한 마귀가 불어넣은 것이다.

계속해서 '음성'을 들으려고 애쓰는 어리석은 일에 대해 나는 이렇게 경고하는 바다. 성경을 보라! 거기에 하나님의 음성이 있다. "옛적에 선지자들을 통하여 여러 부분과 여러 모양으로 우리 조상들에게 말씀하신 하나님이 이 모든 날 마지막에는 아들을 통하여 우리에게 말씀하셨으니 이 아들을 만유의 상속자로 세우시고 또 그로 말미암아 모든 세계를 지으셨느니라"(히 1:1-2). 다른 어떤 것들 속으로 도망치지 말라. 당신이 하나님의 음성을 듣는다면 그것은 영감으로 된 말씀 속에 주어진 진리의 성경을 따라서 이루어질 것이다. 요한계시록 22장 18절과 19절에서는 이 성경의 계시 외에 더하거나 제하여 버리는 일이 매우 위험한 시도라고 밝힌다. 진실한 예언은 성령의 능력 안에서 나오고, 성경 말씀을 제하지도 더하지도 않으며, 오직 하나님께서 우리에게 주신 것을 강력하고 생기 있게 한다. 성령은 예수님께서 가르치시고 말씀하신 모든 것을 생각나게 하신다(요 14:26). 진실한 예언은 진리의 성경에서 '새것과 옛것'을 가지고 나오며, 그것들을 우리에게 "살아 있고 활력이"(히 4:12) 있도록 펼쳐 놓는다.

어떤 사람들은 "우리에게 성경이 있는데 왜 예언이 필요한가?"라고 묻는다. 성경에서 대답을 찾을 수 있다. 하나님께서는 말세에 그분의 "영을 모든 육체에 부어 주리니 너희의 자녀들은 예언할 것이요"(행 2:17)라고 말씀하셨다. 말세에 예언이 우리에게 진실한 축복의 수단이 될 것이라고 말씀하신 것이다. 그러므로 우리는 성령의 방법으로 그분의 남종과 여종에게 진실한 예언을 부어 주시기를 구해야 한다.

거짓된 음성을 듣는 것의 위험성

다시 한 번 나는 '음성'을 듣는 것에 관하여 경고하기를 원한다. 내가 스코틀랜드의 페이즐리(Paisley)에 있을 때 두 젊은 여자와 교제를 나누었다. 그 사랑스러운 두 여자는 전화 교환원으로 일했고, 성령세례를 받은 상태였다. 그들은 선교사가 되기를 갈망했다. 그러나 우리의 영적 상태가 어떠하든지 간에 쉽게 유혹에 노출되곤 한다. 사악한 세력이 이들 중 한 여자에게 와서 "만일 네가 나에게 복종하면 내가 너를 세상의 어떤 선교사보다 더 훌륭한 선교사로 만들어 주겠다"라고 유혹했다. 이는 분명히 마귀나 혹은 그의 사자들이 광명의 천사처럼 행동하는 것이었다. 유혹을 받은 여자는 이 제안에 매우 흥분했다. 다른 자매는 그 상황에 대해 무언가 잘못된 점이 있다는 것을 분별해 냈다. 그래서 직장 상사에게 잠시 자리를 비켜 달라고 요청했다.

　자매가 그녀를 데리고 방으로 들어갔을 때 마귀의 세력이 하나님의 성령을 흉내 내어 자신을 음성을 들려주었다. 만일 그녀가 복종한다면 선교 계획이 그 밤에 밝혀질 수 있다는 내용이었다. 그리고 이 사악한 영은 이 사실을 옆에 있는 자매에게 말고는 아무에게도 밝히지 말라고 말했다. 나는 하나님의 모든 것은 누구에게나 말해질 수 있어야 한다고 생각한다. 만일 당신이 자신이 사는 대로 설교하지 못한다면 당신의 삶은 옳지 못한 방향으로 가고 있는 것이다. 당신이 은밀한 곳에서 하는 일을 말하기를 두려워한다면 언젠가 이것이 "지붕 위에서 전파"(눅 12:3)될 것이다. 이를 피할 수 있을 것이라고 생각하지 말라. 순결한 것이 빛으로 임한다. "진리를 따르는 자는 빛으로 오나니 이는 그 행위가 하나님 안에서 행한 것임을 나타내려 함이라 하시니라"(요 3:21).

그 사악한 영은 계속 속삭였다. "오늘 밤에 기차역으로 가라. 7시 32분에 기차가 들어올 것이다. 너와 자매의 표를 사고 나면 육 펜스가 남을 것이다. 기차 안에서 간호사 복장을 한 여자를 만날 것이다. 그녀의 맞은편에 앉은 신사가 네게 필요한 모든 돈을 가지고 있을 것이다." 처음 들은 말은 틀림없었다. 표를 샀더니 정확히 육 펜스가 남았다. 기차도 7시 32분에 도착했다. 그러나 그다음 것부터는 맞지 않았다. 기차가 떠나기 전에 앞에서부터 뒤쪽까지 훑어보았지만 그들이 들은 것과 같은 상황은 일어나지 않았다. 기차가 떠나자마자 아까 들었던 음성이 또 들려왔다. "건너편 플랫폼으로 가라." 9시 30분까지 이 두 젊은 여자는 이쪽 플랫폼에서 저쪽 플랫폼으로 뛰어다녔다. 9시 30분이 되자 또 음성이 들려왔다. "이제 너희가 나에게 복종할 것을 알았다. 내가 너희를 위대한 선교사로 만들 것이다." 사악한 영은 항상 큰 그림을 제시한다! 그녀들은 이 모든 것이 잘못되었다는 것을 깨달았다. 악한 영은 또 이렇게 말했다. "이 신사가 글라스고(Glasgow)에 있는 한 골목의 은행으로 너를 데리고 가서 필요한 돈을 전부 입금시킬 것이다." 글라스고의 은행은 그 시간에 열려 있지 않았다. 만일 그녀들이 이 사악한 영이 언급한 대로 갔다면 아마도 은행이 없었을 것이다. 그들에게 일반적인 작은 분별력만 있었더라도 그 음성이 주님이 아니었다는 것을 빨리 알 수 있었을 것이다. 당신이 이러한 종류의 음성에 마음을 연다면 곧바로 덫에 걸리고 만다. 이 세상에는 많은 악한 영들이 있다는 것을 반드시 기억하라.

그녀들은 구출되었을까? 그렇다. 하나님과 함께 끔찍한 고통을 겪은 후에 구출되었다. 그들의 눈이 열려 이것이 하나님이 아닌 마귀에게서 온 것임을 보게 되었다. 이 두 여자는 지금 중국에서 주님을 위한 축복된 사역에 힘쓰고 있다. 당신이 이와 비슷한 실수를 저지른다면 하나님을 찬미하라. 빠져나갈 길이 있다. 나는 모든 교만이 제거될 때까지 우리를 부숴 버리시는 하나님을 찬양한다. 우리가 생각할 수 있는 가장 나쁜 교만은 우리 자신을 높이는 자만심이다.

바울은 주님의 명령을 다음과 같이 기록했다.

> 예언하는 자는 둘이나 셋이나 말하고 다른 이들은 분별할 것이요 만일 곁에 앉아 있는 다른 이에게 계시가 있으면 먼저 하던 자는 잠잠할지니라 너희는 다 모든 사람으로 배우게 하고 모든 사람으로 권면을 받게 하기 위하여 하나씩 하나씩 예언할 수 있느니라 고전 14:29-31

당신의 예언이 분별되도록 허락하지 않는 일은 당신이 겸손하지 않고 무언가 한참 잘못되었다는 것을 반영한다. 바울이 언급한 이 모임은 당신이 참석했던 어떤 집회보다도 분명히 위대한 모임이었을 것이다. 하나님을 찬양하라! 교회가 주님만을 영화롭게 하는 큰 이상 안에서 흠뻑 젖어 열중할 때 이 예언은 모두 완전한 질서 안으로 들어온다. 그러면 가치 있는 일들이 일어날 것이다. 예언과 짝을 이루어 성령의 열매 곧, "양선"(갈 5:22)이 나타난다. "예언은 언제든지 사람의 뜻으로 낸 것이 아니요 오직 성령의 감동하심을 받은 사람들이 하나님께 받아 말한 것임이라"(벧후 1:21). 오늘날에도 신뢰할 수 있는 예언자는 선한 것이 충만하고 그 선함이 성령의 열매로 나타나는 사람이다. 그러나 그가 여기서 벗어나 자신의 개인적인 특성을 드러내면 그는 자만하여 적을 위한 도구로 사용될 위험에 처한다.

내가 아는 어느 가족은 훌륭한 농장을 소유하고 있었다. 그 농장은 매우 생산율이 높고 아주 좋은 환경을 가지고 있었다. 어느 날 그들은 모든 것을 팔고 아프리카로 가라는 음성을 들었다. 그 음성이 그들을 매우 혼란스럽게 했지만, 그들은 헐값에 농장을 간신히 팔았다. 그 음성이 그들이 탈 배를 알려 주었다. 그러나 항구에 도착해 보니, 그런 이름의 배는 없었다.

그들에게 이러한 거짓된 음성을 믿지 못하게 하는 일은 어려운 일이다. 그들은 주님께서 다른 배를 주기 위한 것이라고 생각했다. 곧 다른 배 이름이 들려왔다. 아프리카에 도착했지만 그곳에서 통용되는 어떤 언어도 알아들을 수 없었다. 그러나 그 음성은 그들을 중지시키지 않았다. 그들은 결국 절망에 **빠졌고** 용기를 잃었다. 또한 모든 것에 대한 신뢰를 잃어버렸다. 만일 그들이 성령으로 충만한 사람들에게 가서 조언을 구하는 분별력을 가졌었더라면 이 음성이 하나님께로부터 온 것이 아님을 깨달았을 것이다. 그러나 이러한 음성을 듣게 되면 언제나 영적으로 교만해지기 마련이다. 다른 믿는 자들보다 자신들이 뛰어나며, 그들이 상담하는 사람들은 그들처럼 성령이 충만하지 못하다고 여겨서 오히려 자신들이 위에 있다고 생각한다. 하나님께서 교회를 지도하도록 세우신 사람들보다 당신이 우월하다는 음성을 듣는다면 조심하라. 이는 분명히 마귀의 음성이다.

요한계시록 19장 10절을 보면, "예수의 증언은 예언의 영"이라고 언급한다. 진실한 예언적 발언들은 항상 하나님의 어린 양을 높여 드린다.

불과 믿음

우리 안에 불이 없다면 어떠한 예언적인 접촉도 소용이 없다. 나는 하나님 안에서 불이 타오르기 전까지는 쓰임 받는 것을 바라지 않는다. 내가 말하는 모든 것이 마땅히 성령이 주신 것이어야만 한다. 예언자는 반드시 그의 "믿음의 분수대로"(롬 12:6) 예언을 해야 한다. 만일 당신의 약함을 인정하고 사랑 안에서 일어나, 오직 하나님께 영광을 돌리려는 목적으로 사역을 시작하면 당신 안에서 주님의 임재를 발견하게 될 것이다. 믿음으로 행동하라. 주님께서 당신을 만나 주실 것이다.

하나님께서 우리를 통하여 기적과 예언으로 역사하시고, 이 믿음의 영광스러운 실재 안으로 이르시기를 바란다. 우리가 성령 안에서 일할 때 우리가 일하는 것이 아니라 우리를 통하여 일하시는 그분께서 "자신의 기쁘신 뜻을 위하여…행하게"(빌 2:13) 하신다.

Ever Increasing
Faith

Chapter 17

영들을 분별함

Ever Increasing
Faith

Chapter 17

영들을 분별함

어떤 사람에게는 영들 분별함을 고전 12:10

자연적 분별과 영적 분별에는 큰 차이가 있다. 많은 사람이 자연적 분별을 마구 사용하여 다른 사람들의 과실들을 찾아낸다. 이러한 상황에서는 다음과 같은 그리스도의 말씀을 분명하게 적용할 수 있다. "어찌하여 형제의 눈 속에 있는 티는 보고 네 눈 속에 있는 들보는 깨닫지 못하느냐"(눅 6:41).

자연적 분별을 표현하고 싶다면 적어도 일 년 동안은 스스로에게 동일한 기준을 적용해 보라. 그러면 당신 안에 있는 아주 많은 과실을 보게 될 것이기에 결코 다른 사람들의 과실들을 떠들어

대지 못할 것이다.

이사야 6장에서는 선지자가 하나님의 임재 안에 있는 모습이 나온다. 그는 그의 입술조차 깨끗하지 못하고 모든 것이 부정하다는 것을 발견했다(사 6:5 참조). 그러나 하나님을 찬미하라! 오늘날 동일한 숯불(6-7절 참조) 곧, 불의 세례가 마음을 완전하게 해주고, 정신을 깨끗하게 하며, 영을 거듭나게 한다. 하나님의 불이 우리의 혀에 닿는 것이 얼마나 중요한지 모른다.

요한일서 4장 1절을 보라. "사랑하는 자들아 영을 다 믿지 말고 오직 영들이 하나님께 속하였나 분별하라."

요한은 더 나아가 다음과 같이 선포했다.

> 예수를 시인하지 아니하는 영마다 하나님께 속한 것이 아니니 이것이 곧 적그리스도의 영이니라 오리라 한 말을 너희가 들었거니와 지금 벌써 세상에 있느니라 요일 4:3

때때로 악한 능력 아래에 있거나 혹은 발작을 일으키는 사람을 보면 나는 점령당한 사람 안에 있는 악한 능력이나 마귀의 세력에게 "예수 그리스도께서 육체로 오셨는가?"라고 묻는다. 그러면 그들은 곧바로 "아니다"라고 대답한다. 또는 입을 다물어 자신이 주 예수 그리스도께서 육체로 오신 것이 아님을 시인한다. 이때 요한이 "너희 안에 계신 이가 세상에 있는 자보다 크심이라"(요일

4:4)라고 선포한 것을 기억하라. 또한 주 예수 그리스도의 이름으로 악한 세력들을 다루어 그들에게 나오라고 명령하라. 우리는 오순절파 사람들로서 반드시 악한 자의 작전을 알아야 하며, 반드시 그를 그의 터전에서 쫓아내고 제거해 내야 한다.

영국의 동카스터(Doncaster)에서 믿음에 대해 설교하자, 여러 명의 사람이 마귀로부터 해방되었다. 거기에 참석했던 잭(Jack)은 자신이 본 것에 대해 감동을 받아 크게 관심을 기울였다. 그는 무릎이 굳어서 고통당하는 상태였는데 아픈 곳을 면으로 된 아주 긴 붕대로 휘감고 있었다. 그는 집으로 돌아가서 아내에게 이렇게 말했다. "내가 위글스워스 씨의 메시지를 가지고 왔어요. 지금 그대로 행동하고 고침을 받아야겠어요. 당신이 청중이 되어 주세요." 그는 자신의 무릎을 붙잡고 "예수 그리스도의 이름으로 명령하노니 마귀야 나오라"라고 선포했다. 그런 후 "여보, 이제 좋아졌어요"라고 말했다. 그가 긴 붕대를 풀었다. 그리고 붕대를 감아 두지 않아도 괜찮다는 것을 느꼈다.

다음 날 밤에 어제 집회를 했던 작은 수구파 감리교회에 갔다. 그곳에는 아픈 청년들이 많이 모여 있었다. 잭은 예수 그리스도의 이름을 통하여 그 청년들을 해방시키는 굉장한 사역을 했다. 하나님께서는 그에게 인간이 물려받는 재앙인 수많은 깊은 병은 아무것도 아니며 단지 대적의 활동일 뿐이라는 점을 보게 하셨다. 그러자 그의 믿음이 일어나, 예수의 이름 안에 있는 능력이 대적보다 월등히 강함을 보았다.

언젠가 스웨덴의 가텐버그(Gottenberg)에서 집회를 할 때였다. 집회 도중에 한 남자가 출입구에 길게 누워 버렸다. 악한 영이 그를 땅으로 내던져서 자신을 드러내며 전체 집회를 혼란스럽게 하고 있었다. 나는 문으로 달려가서 그 남자에게 손을 얹은 후, 그의 안에 있는 악한 영에게 "나오라, 너 마귀야! 예수 그리스도의 이름으로 우리가 너 악한 영을 쫓아내노라"라고 소리쳤다. 그를 일으켜 세우고 다시 선포했다. "예수의 이름으로 명하노니 당신의 발로 선 후에 걸으라." 통역사 외에 누가 내 말을 알아들었는지 알 수 없었지만 마귀는 내 말을 알아들었다. 영어로 선포했는데도 스웨덴의 마귀들이 쫓겨나갔다. 비슷한 일이 노르웨이의 오슬로(Oslo)에서도 일어났다.

사탄은 항상 사람들을 눈과 마음을 통하여 미혹시키려고 노력한다. 한 번은 어떤 설교자에게 비정상적일 정도로 빠져 버린 아름다운 젊은 여자가 내게 인도되었다. 설교자가 그녀에게 구애를 허락하거나 결혼 승낙을 하지 않자, 마귀가 그 상황을 이용하여 그녀를 정신착란과 미친 상태로 만들었다.

그녀의 상태를 염려하는 친구들이 그녀를 이백오십 마일이나 데리고 왔다. 그녀는 전에 성령세례를 받았었다고 했다.

"성령세례를 받은 사람에게 대적이 들어갈 장소가 있는가?"라고 물을지도 모르겠다. 우리의 유일한 안전은 하나님과 함께 나아가고, 지속적으로 성령으로 충만해지는 데 있다. 바울과 함께 사역하던 데마를 기억하는가? 그는 바울의 오른팔 같은 사역자 중의 한 사람이었기에 당연히 성령세례를 받았을 것이다. 그러나 대적이 그를 그가 "이 세상을 사랑하여"(딤후 4:10) 바울을 버리고 떠났던 장소로 데리고 갔다. 친구들이 이 젊은 여자를 나에게 데려왔을 때 나는 악한 세력을 분별해서 즉시 예수의 이름으로 그것을 쫓아냈다. 그녀를 모든 사람 앞에 멀쩡한 정신으로 보이게 된 것은 나에게 큰 기쁨이었다.

하나님께서는 우리가 완전한 해방의 삶을 살기 원하신다. 나는 평화가 어떤 방법으로든지 방해를 받는 것을 발견하면 이것이 마귀의 역사라는 것을 분별할 줄 안다. 어떻게 알 수 있을까? 이는 주님께서 우리가 그분을 신뢰할 때 우리의 마음을 지켜 주시겠다고 약속하신 것에 근거를 둔다(사 26:3 참조). 바울은 우리의 몸을 "하나님이 기뻐하시는 거룩한 산 제물로 드리라"(롬 12:1)라고 역설했다. 성령이 바울을 통해서 다음과 같은 말씀을 전하셨다.

> 너희는 이 세대를 본받지 말고 오직 마음을 새롭게 함으로 변화를 받아 하나님의 선하시고 기뻐하시고 온전하신 뜻이 무엇인지 분별하도록 하라 롬 12:2

바울은 더 나아가서 이렇게 권고했다.

끝으로 형제들아 무엇에든지 참되며 무엇에든지 경건하며 무엇에든지 옳으며 무엇에든지 정결하며 무엇에든지 사랑 받을 만하며 무엇에든지 칭찬 받을 만하며 무슨 덕이 있든지 무슨 기림이 있든지 이것들을 생각하라 빌 4:8

우리가 무엇이 순결한 것인지를 생각할 때 순결해진다. 무엇이 거룩한 것인지를 생각할 때 거룩해진다. 주 예수 그리스도를 생각할 때 우리는 그분과 같아진다. 우리는 우리의 시선이 고정되어 있는 대상의 모습으로 변화되어 간다.

영들을 분별하는 방법

영들을 분별하려면 반드시 거룩하신 그분 안에 거해야 한다. 그분이 계시를 주시며, 모든 형태의 흉악한 세력의 가면을 벗기실 것이다.

호주에서 분열되고 깨진 가정들의 모임에 참석했다. 마귀의 악한 능력에 매우 미혹되어 남편이 아내를, 아내가 남편을 떠났으며 그들은 결국 서로 비슷한 영적 상태 속으로 빠져 버렸다.

모두 마귀의 계략이었다! 하나님께서 그 악한 것들에서 우리를 구원하시기를 소망한다. 하나님께서 당신에게 주신 배우자보다 더 좋은 사람은 없다. 나는 상한 마음을 가진 사람과 깨진 가정을 수없이 많이 보았다. 시각적으로 유혹하는 이 사악한 미혹의 영들에 대한 정확한 계시가 필요하다. 하나님의 역사를 이 흉악한 것 안으로 가지고 들어와야 한다. 그러나 그것의 뒤에는 항상 육체가 있다. 이는 결코 깨끗하게 되지 않는다. 부정하고, 불순하며, 흉악하고, 극악무도하다. 뒤에 지옥이 있다. 대적이 들어와서 당신을 이러한 것들로 유혹한다면 곧바로 주 예수님을 바라보라. 그분이 그 흉악한 세력에서 당신을 구하실 수 있다. 믿음을 갖기 원한다면 반드시 모든 악한 길에서 떨어져 나와 하나님 쪽에 서야 한다.

우리를 파괴하려고 침입하는 이 사악한 세력을 분별하려면 성령에게 이 영들을 분별하는 은사를 달라고 갈망해야 한다. 성령이 분별의 은사를 우리에게 나타내셔서 기름을 부으실 것이다.

때때로 심령술사들이 당신이 인도하는 기도 모임에 올 것이다. 당신은 반드시 심령 상태를 다룰 줄 알아야 한다. 그들이 모임에서 어떠한 능력도 발휘하지 못하도록 당신은 그들을 제압할 수 있다. 견신론자(이상한 신비적 체험이나 특별한 계시에 관심을 두는 사람)나 크리스천 사이언스 교도들을 만나면 잘 분별하여 절대로 그들을 상대하지 말고 제압하라. 스스로가 빠져 있는 미혹에서 벗어나기를 원하지 않는 자들은 언제나 자신이 속한 교리를 더 선호한다. 예수님의 경고를 기억하라. "도둑이 오는 것은 도둑질하고 죽이고 멸망시키려는 것뿐이요 내가 온 것은 양으로 생명을 얻게 하고 더 풍성히 얻게 하려는 것이라"(요 10:10).

분별을 방해하는 것들

마귀가 그의 악한 영들을 데리고 침입할 때는 반드시 열린 문이 있다. 성경의 경고를 들으라. "악한 자가 그를 만지지도 못하느니라"(요일 5:18). "여호와께서 너를 지켜 모든 환난을 면하게 하시며 또 네 영혼을 지키시리로다"(시 121:7). 그렇다면 마귀는 어떻게 통로를 발견할까? 성도가 거룩함과 의로움, 진리를 구하지 않거나, 기도를 중단하고, 하나님의 말씀을 읽지 않고, 육체의 욕망에 사로잡힐 때 마귀에게 통로가 노출된다. 그곳으로 대적이 침입하는 것이다. 병은 종종 불복종의 결과로 오기도 한다. 다윗은 "고난 당하기 전에는 내가 그릇 행하였더니"(시 119:67)라고 고백했다.

오직 주님을 구하라. 그리하면 당신의 전 존재가 거룩한 순결로 활활 타오를 때까지 그분이 모든 생각과 행동을 신성하게 하실 것이다. 거룩함 안에서 당신을 창조하신 그분을 위하는 일이 당신의 단 하나의 소망으로 자리 잡을 것이다. 오, 이 거룩함! 과연 우리는 순결해질 수 있을까? 당연히 순결해질 수 있다. 모든 생래적인 죄는 마땅히 제거되어야 한다. 하나님께서 모든 악한 생각을 정결하게 바꾸신다. 우리가 죄를 미워하고 의를 사랑할 수 있는가? 할 수 있다. 하나님께서 당신 속에 순결한 마음을 창조하실 것이다. 그분이 "맑은 물을 너희에게 뿌려서 너희로 정결하게 하되…너희 육신에서 굳은 마음을 제거하고 부드러운 마음을 줄 것"(겔 36:25-26)이다. 당신이 마음의 정결을 위해 그분을 구하면 주님께서 이렇게 행하신다.

Ever Increasing
Faith

Chapter 18

방언의 은사

Ever Increasing
Faith

Chapter 18

방언의 은사

사랑을 추구하며 신령한 것들을 사모하되 특별히 예언을 하려고 하
라 방언을 말하는 자는 사람에게 하지 아니하고 하나님께 하나니
이는 알아 듣는 자가 없고 영으로 비밀을 말함이라 고전 14:1-2

영적인 은사들을 받으려는 갈망을 가지라. 우리는 당연히 은사
들을 받기를 갈망하고 진심으로 바라야 한다. 왜냐하면 은사들은
우리에게 꼭 필요한 중요한 것이고, 우리가 하나님의 은혜로 은사
들을 받으면 그것이 하나님의 영광을 위하여 사용되기 때문이다.

중보 기도를 위한 방언

하나님께서는 알 수 없는 방언으로 그분에게 말하는 것을 성령 안에서 놀랍고도 영적 의미가 있는 의사소통의 방편으로 정하셨다. 우리가 그분에게 알 수 없는 방언으로 말할 때 성령 안에서 놀라운 신비들을 말하는 것이다. "마음을 살피시는 이가 성령의 생각을 아시나니 이는 성령이 하나님의 뜻대로 성도를 위하여 간구하심이니라"(롬 8:27). 하나님께 알 수 없는 방언으로 말할 때 우리는 중보 기도 안에 있다. 이렇게 성령 안에서 기도하다 보면 어느새 하나님의 뜻을 따라 기도하게 된다. 우리가 중보 기도를 시작하면 성령이 우리를 "말할 수 없는 탄식"(26절)으로 기도하게 하신다.

여기서 벨기에령 콩고(Belgian Congo)라고 불리는 자이르(Zaire) 지역에서 사역하는 윌리 버튼(Willie Burton)의 이야기를 나누고자 한다. 버튼 형제는 강력한 하나님의 사람으로, 그의 삶을 아프리카의 이교도들을 위하여 바쳤다. 그가 열병에 걸려 죽음을 맞이하기 직전에 처했을 때의 일이다. 그와 함께 사역하던 사람들은 "그가 마지막으로 설교를 했다. 우리는 앞으로 어떻게 해야 하는가?"라며 걱정했다. 그들의 모든 희망이 사라졌다. 비탄에 잠겨서 앞으로 어떤 일이 벌어질지 궁금해했다. 그들은 그를 그저 죽도록 내버려둔 채 그곳을 떠났다. 그런데 어떠한 징후도 없이 순식간에 그가 그들 한가운데에 서 있었다. 도무지 이해할 수 없는 일이었다. 그의 의식이 돌아왔을 때 어떤 온기가 몸을 통하여 들어왔음을 느꼈고 그 뒤로 전혀 아프지 않았다고 그는 설명했다.

어떻게 이런 일이 일어났을까? 그가 런던으로 돌아와서 사람들에게 죽음에서 기적적으로 살아났다는 것을 고백하기 전까지 이 일은 불가사의한 일로 여겨졌다. 한 부인이 그에게 개인적으로 만날 것을 요청했다. 그녀는 그에게 일기를 쓰는지 물어보았다.

그는 일기를 쓴다고 대답했다.

그녀가 그에게 이렇게 말했다. "어느 날 내가 기도를 드릴 때였어요. 무릎을 꿇자마자 내 마음에 당신이 떠올랐어요. 주님의 성령이 나를 붙잡아 알 수 없는 방언으로 기도하게 하셨답니다. 그때 당신이 무력하게 누워 있는 것을 환상으로 보았어요. 그래서 나는 당신이 일어나서 그 방을 나가는 것을 볼 때까지 알 수 없는 방언으로 소리쳐 기도했어요." 그녀는 그 시간을 기록해 두었다. 나중에 그의 일기장과 비교해 보니, 그가 살아난 시간과 그 시간이 정확하게 일치했다.

우리가 성령에 복종하여 침실에서 조용한 시간에 하나님께 기도를 드릴 때 실현 가능한 위대한 일이 일어난다. 하나님께서는 당신에게 필요한 모든 것이 하늘에서 내려오는 다이너마이트로 강력하게 충전될 수 있도록 당신이 성령으로 충만하기를 원하신다.

개인의 덕성 계발을 위한 방언들

"방언을 말하는 자는 자기의 덕을 세우고 예언하는 자는 교회의 덕을 세우나니"(고전 14:4). 알 수 없는 방언으로 말하는 사람은 자신의 덕을 계발하고 세운다. 우리는 교회의 덕을 세우기 전에 스스로의 덕을 먼저 세워야 한다.

나는 성령이 베푸시는 영적 덕성 계발에 얼마나 크게 의존하는지 모른다. 내가 여러분 앞에 이렇게 서 있는 것은 지상 최대의 수수께끼 중의 하나다. 나는 설교에 재능이 전혀 없다. 정말 아무 능력도 없다. 그러나 강단 위에서는 약한 사람이 없다. 내 삶의 모든 인간적인 것들은 강단 위에 서서 복음을 전파하는 나와는 정반대의 모습을 띤다.

여기에서 그 비밀은 성령이 놀랄 만한 덕성 계발을 베푸신다는 점이다. 나는 내가 할 수 있는 한 최대한으로 열심히 성경을 읽고 있었으나 성령이 내 안에 들어오셔서 그분의 방법으로 나를 붙잡으시고, 성령의 호흡으로 나를 조명하셨다. 매우 빠르게 말할 수 있는 영적 언어도 주셨다.

보혜사(조력자)가 오실 때 "그가 너희에게 모든 것을 가르치고 내가 너희에게 말한 모든 것을 생각나게 하리라"(요 14:26). 그분은 영적으로 의미 있는, 알 수 없는 방언을 말하게 하심으로써 나의 덕을 세운 후에 교회의 덕을 세울 수 있도록 하셨다.

당신 안에 거하는 성령

요한일서 2장 20절에는 "너희는 거룩하신 자에게서 기름 부음을 받고 모든 것을 아느니라"라고 기록되어 있다. 그 뒤에 나오는 27절을 읽어 보라.

> 너희는 주께 받은 바 기름 부음이 너희 안에 거하나니 아무도 너희를 가르칠 필요가 없고 오직 그의 기름 부음이 모든 것을 너희에게 가르치며 또 참되고 거짓이 없으니 너희를 가르치신 그대로 주 안에 거하라 요일 2:27

성령세례를 받은 후에라도 "나는 심하게 메말랐어. 내가 어디에 있는지 알 수가 없어"라고 고백할 때도 있다. 말씀은 당신이 기름 부음을 받았다고 밝힌다. 당신이 기름 부음을 받은 것에 대해 하나님께 감사하라. 위의 구절에서는 성령의 기름 부음이 "거하나니", "모든 것을 너희에게 가르치며"라고 언급한다. 이것이 당신이 지닌 위대하며 명확한 지위다.

성령은 이 말씀이 진리라는 것과 당신이 기름 부음을 받았고, 그 기름 부음이 당신 안에 거하신다는 점을 당신이 깨닫기를 원하신다. 아침에 일어날 때마다 이 놀라운 진리를 되새기며 믿으라. 당신이 성령의 임재와 능력 앞에 있을 때 성령 안에서 하나님께 말하고 있음을 알게 될 것이고, 이로써 개인적으로 덕이 세워지고 있다는 것도 발견할 수 있을 것이다.

당신에 대한 모든 것이 거짓이라고 해도 하나님의 말씀이 진리가 되게 하라. 사탄은 당신이 메마른 사람이고, 결코 아무것도 할 수 없다고 속삭일 것이다. 그러나 당신을 향한 "주께 받은 바 기름 부음이 너희 안에 거하나니"라는 하나님의 약속을 믿으라.

예언과 방언 통역

나는 너희가 다 방언 말하기를 원하나 특별히 예언하기를 원하노라 만일 방언을 말하는 자가 통역하여 교회의 덕을 세우지 아니하면 예언하는 자만 못하니라 고전 14:5

모든 사람 곧, 성령을 받은 사람은 예언을 할 자격이 있기에 하나님께서는 당신이 계속적으로 예언의 장소 안에 있기를 원하신다. 고린도전서 14장 31절에서는 우리가 "하나씩 하나씩 예언할 수 있느니라"라고 언급한다. 예언은 방언을 통역하는 은사를 제외하고는 방언보다 앞선다. 13절은 매우 중요한 말씀이다. "그러므로 방언을 말하는 자는 통역하기를 기도할지니."

두 종류의 방언

나는 성령세례를 받고 나서 "성령이 말하게 하심을 따라"(행 2:4) 방언으로 말하게 되었으나, 그 후에 아홉 달 동안 방언을 말할 수 없었다. 어느 곳에서나 사람들이 성령을 받을 수 있도록 내가 손을 얹으면 그들이 방언을 말했으나, 나 자신은 방언을 하는 기쁨을 누릴 수 없어서 걱정스러웠다. 하나님께서는 성령세례를 받았을 때 성령이 말하게 하심을 따라 하는 방언과 계속적으로 말하는 방언의 은사가 구별된 것이라는 점을 보여 주기 원하셨다. 내가 다른 사람들에게 손을 얹어 그들에게 성령이 임하면 나는 습관적으로 이렇게 중얼거렸다. "오, 주님! 주님께서 내가 방언을 말할 수 있게 해 주신다면 얼마나 좋을까요." 주님께서 그 은사를 보류하신 이유는 방언을 말함이 없이도 성령세례를 받을 수 있다고 하는 수많은 사람을 내가 만날 것을 아셨기 때문이다. 그들은 성령세례를 받았을 때 쉽게 방언의 은사를 받았다.

나는 성령세례를 받았을 당시에는 방언의 은사를 받지 못했다. 그러나 아홉 달 후에 나의 속에 방언이 홍수처럼 부어졌다. 방언이 그쳤을 때 주님께 이렇게 부르짖었다. "주님, 지금 이 일은 내가 한 일이 아닙니다. 내가 구한 일도 아닙니다. 그러므로 주님께서 하신 일이지요. 이번에는 통역의 은사를 주기 전까지는 여기에서 움직이지 않겠습니다." 곧 통역의 은사가 내려왔다. 그 은사는 전 세계에 걸쳐 충실히 실현되었다. 말하게 하시는 분이 성령이므로 당연히 성령에게 통역도 구할 수 있다. 방언을 말하는 자는 통역의 은사를 구해야 한다. 우리가 구할 때 하나님께서 은사를 주신다. 그러나 하나님께서 우리에게 말씀하시고자 하는 바를 완전히 이해하지 못한 채 성급하게 일을 행해서는 안 된다.

성령 안에서 마음으로 하는 기도

"그러면 어떻게 할까 내가 영으로 기도하고 또 마음으로 기도하며 내가 영으로 찬송하고 또 마음으로 찬송하리라"(고전 14:15). 당신이 성령 안에서 알 수 없는 방언으로 기도하면 당신은 자신이 무엇을 기도하고 있는지 알지 못할 수도 있다. 또한 마음으로 기도를 드리지 않기도 한다. 이러한 기도는 주위 사람들에게 유익하지 않다. 성령의 기름 부음 안에서 알 수 없는 방언으로 기도해야만 할 때 마음으로 기도를 드릴 능력이 당신에게 있다.

누군가는 이렇게 말할 것이다. "오, 나는 그렇게 할 수 있다. 이는 나 스스로 할 수 있는 일이다." 그러나 처음에 기도를 시작하는 것은 당신이지만 그 후에는 성령이 함께하신다. 내가 꿇어 앉아 기도를 드릴 때 처음 몇 개의 문장은 자연적인 영역의 말일 수 있다. 그러나 곧바로 성령이 나를 통하여 기도하기 시작하신다. 처음은 당신 자신이 시작하지만, 그다음은 성령이 당신을 데리고 이끌어 가실 것이다. 주님을 찬양하라!

믿음이 아닌 것이 "그것은 옳지 않다"라고 말할 때 믿음은 "그것이 옳다"라고 말한다.

자연적인 사람이 "이것은 옳지 않다"라고 말할 때 믿음은 "이것이 옳다"라고 말한다.

바울은 "영으로 기도하고 또 마음으로 기도"(15절)했다. 그는 믿음으로 기도했다.

사탄은 이를 반대한다. 그리고 당신 자신의 이기적인 삶도 이에 저항한다.

하나님 곧, 성령은 우리가 살아가고, 걷고, 기도하고, 영으로 찬송하며, 또한 마음으로 기도하고 찬송하는 그 축복된 징소 안으로 우리를 데리고 가기를 원하신다. 믿음이 이를 할 수 있게 한다.

믿음은 마귀와 인간적인 마음의 활동에 대해서는 잘 들리지 않는 귀를, 하나님에 대해서는 민감한 귀를 가지고 있다. 또한 당신에게는 귀 기울이지 않고, 하나님을 향해서는 귀 기울이는 열린 귀를 가지고 있다. 믿음은 당신의 느낌에는 아무런 주의도 기울이지 않는다.

믿음은 "너희도 그 안에서 충만하여졌으니"(골 2:10)라고 선포한다.

영으로 기도하고 영으로 찬송하는 것은 놀라운 일이다. 하나님의 영이 당신에게 말하게 하실 때 방언으로 기도하고 방언으로 노래할 수 있다.

나는 아침에 영으로 하나님과 교제를 나누지 않고는 침대에서 일어나지 않는다. 이는 세상에서 가장 놀라운 일이다. 당신이 옷을 입고 밖으로 나갔을 때 세상이 당신에게 아무런 영향도 주지 못한다는 것을 깨닫는 일은 성령 안에서 가장 행복한 일이다. 하루하루를 이렇게 시작하면 온종일 성령의 인도하심을 의식하며 살아갈 수 있다.

질서 있는 방법으로 방언하라

내가 너희 모든 사람보다 방언을 더 말하므로 하나님께 감사하노라 그러나 교회에서 네가 남을 가르치기 위하여 깨달은 마음으로 다섯 마디 말을 하는 것이 일만 마디 방언으로 말하는 것보다 나으니라

고전 14:18-19

많은 사람이 바울이 깨닫지 못하고 일만 마디 방언으로 말하는 것보다 오히려 깨달은 마음으로 다섯 마디 말을 하는 게 낫다고 주장했다고 생각한다. 그러나 그들은 이 구절에서 "내가 너희 모든 사람보다 방언을 더 말하므로 하나님께 감사하노라"(고전 14:18)

라는 내용을 빠뜨린다. 이 구절에서 바울은 통역 없이 과도하게 방언하여 교회의 덕을 세우지 못하는 습관을 교정해 주고 있다. 통역하는 사람이 아무도 없다면 과도하게 방언하는 사람들은 단순히 혼자서 하나님께 말하고 있는 것일 뿐이다.

어떤 사람이 설교를 하고 있는데 이삼십 명이 일어서서 연속적으로 방언을 말한다면 이는 매우 심각한 문제다. 그곳에 큰 혼란이 일어날 것이다. 그 집회에 참석한 사람들은 깨닫지 못하는 일만 마디 방언보다 오히려 덕을 세우고, 권면하며, 위로하는 다섯 마디의 말을 원할 것이다.

당신이 성령으로 감동을 받았다고 해서 꼭 방언으로 말해야 할 필요는 없다. 주님께서 교회의 덕을 세우도록 완전한 질서 안에서 "절제하는 마음"(딤후 1:7)을 당신에게 주실 것이다. 그러나 고린도전서 14장 18절에서 바울은 그가 고린도 교회의 모든 사람보다 더 많이 방언을 말한다고 밝혔다. 고린도 교회에 방언을 말하는 은사가 꽤 많이 주어졌다는 것이 명백한 만큼, 바울은 확실히 밤낮으로 오랜 시간을 방언으로 기도했을 것이다. 그는 이 놀라운 영적 은사로 세워져 감에 따라 매우 덕이 쌓였기에 교회의 모든 사람이 이해할 수 있는 방법으로 설교했을 것이고, 그래서 성도들을 기적적으로 교화시킬 수 있었을 것이다.

믿지 않는 사람들을 위한 방언

율법에 기록된 바 주께서 이르시되 내가 다른 방언을 말하는 자와 다른 입술로 이 백성에게 말할지라도 그들이 여전히 듣지 아니하리라 하였으니 그러므로 방언은 믿는 자들을 위하지 아니하고 믿지 아니하는 자들을 위하는 표적이나 고전 14:21-22

자신을 믿는 자라고 밝히지만 전혀 믿지 않는 사람들이 많다. 셰필드(Sheffield)에 살았던 감리교 목사도 그러했다. 어떤 사람이 그에게 수표를 주면서 여행하는 데 쓰고 나머지는 가지라고 했다. 그리고 내 이름과 주소도 알려 주었다. 그 목사는 브래드퍼드에 도착해서 나를 만나러 왔다. 내가 '방언을 말하는 사람' 중의 한 사람인데 나를 조심하라는 말과, 그 모든 것이 마귀에게 속한 것이니 끌려 들어가지 않도록 경계하라는 말을 누군가에게 들었다고 했다. 그 말에 그는 "그들이 나를 끌어들이지 못할 것이다. 그러기에는 내가 아주 많은 것을 알고 있다"라고 대답했다고 했다.

그는 매우 피로한 상태여서 휴식이 필요해 보였다. 그가 우리 집에 와서 "당신의 친구가 보내서 왔습니다. 잘 지내나요?"라고 물었다.

나는 그에게 환영한다는 인사를 건넸다.

그는 피곤한 상태였는데도 오로지 말을 하려고 방문한 것처럼 쉬지 않고 계속 말을 했다. 그러나 우리는 그에게 그 무엇도 해 줄 수가 없었다. 당신은 그처럼 말을 계속하는 사람을 본 적이 없을 것이다.

"그를 가만히 두세요. 언젠가는 분명히 말을 그치겠지요." 나는 사람들에게 이렇게 말했다. 그날 저녁 식사 시간에도 그는 계속 떠들었다. 다음 식사를 할 때도 말을 멈추지 않았다.

성령세례를 받기 원하는 사람들을 위해서 금요 저녁 집회를 열었다. 집회 장소에 사람들이 모일 무렵에도 그는 쉴 새 없이 말을 늘어놓았다. 아무도 그가 말하는 핵심을 파악할 수 없었다. 들어오는 사람들이 그를 방해하지 않는 장소에 그가 앉아 있었다.

결국 나는 그를 중지시켰다. "형제여, 지금은 말을 그만해야 합니다. 우리는 기도를 드릴 것입니다."

일반적으로 우리는 기도하기 전에 찬송을 몇 곡 불렀으나 이번에는 곧바로 기도를 드렸다. 이는 그날 하나님께서 원하시는 순서였다. 기도를 시작하자마자 두 젊은 여자가 한 사람은 이편에서 또 한 사람은 저편에서 방언으로 기도를 했다. 이 목사는(이 장면은 그에게 아주 이상하게 보였다) 두 여자 사이를 왔다 갔다 하며 그들이 말하는 것을 들었다.

얼마 후에 그는 자신의 방으로 가겠다고 했다.

나는 원한다면 그렇게 해도 좋다고 대답했다. 곧 그는 자신의 방으로 갔고, 우리는 집회에서 놀라운 시간을 보냈다.

우리는 11시쯤 집회를 마치고 잠자리에 들었는데, 새벽 3시 30분경에 그 목사가 나의 침실로 왔다. 그는 노크를 하면서 들어가도 괜찮은지 물었다. 나는 들어오라고 했다.

그는 들어와서 계속 "그분이 오셨다. 그분이 오셨다"라고 중얼거렸다. 그가 더 말하려고 하자 영어로 말할 수 없도록 그의 입을 무언가가 붙잡았다.

"지금은 자고 내일 말하세요." 나는 그를 돌려보냈다.

"방언은…믿지 아니하는 자들을 위하는 표적"(고전 14:22)이다. 이 사람은 믿지 않는 사람이었는데, 믿지 아니하는 '믿는 자' 였다. 그는 방언을 말하는 사람들을 보면서 그들에게 확신이 임하는 것을 여러 번 보았다.

다음 날 아침 식사 시간에 그는 이렇게 말했다. "오, 아주 놀라운 밤이었어요. 나는 헬라어와 히브리어를 할 줄 아는데 그 두 젊은 여자도 이 언어들을 아는 것 같았어요. 한 여자가 헬라어로 '하나님과 바른 관계를 가지라' 라고 했고, 다른 여자가 히브리어로 동일한 말을 했어요. 나는 그들이 아니라 하나님께서 말하고 계신다는 것을 깨달았어요. 나는 먼저 회개해야만 했지요. 내가 믿지 않는 자로 들어왔으나 하나님께서 거기에 계신 것을 발견했답니다. 하나님께서 밤에 두 시간 동안 나를 바닥에 누워 있게 하셨어요. 나는 움직일 수 없었어요. 그 후에 하나님께서 나를 뚫고 지나가셨어요." 그 순간 그는 그 자리에서 방언으로 말하기 시작했다.

하나님께서 어떤 사람도 부정하지 못하도록 강력한 능력의 증거들을 보이실 것이다. 당신은 성령이 당신에게 방언을 말하게 하실 것을 반드시 경험할 것이고, 통역이 믿지 않는 사람에게 확신을 줄 것이며, 하나님께서 계획적으로 당신에게 확신을 갖게 하실 것이다.

온 마음으로 하나님의 최상을 구하라

은사를 받기 위한 가장 완벽한 방법을 설명하려고 한다. 열왕기하 2장을 읽어 보라. 거기에는 한 사람이 은사를 받는 모습이 나온다. 엘리야 선지자는 불을 내려오게 하고, 기적들을 행하는 등 하나님께 강력하게 쓰임 받는 선지자였다. 그의 후계자로 선택된 엘리사는 은사를 받기 위하여 크게 갈망하는 영으로 감동되었다. 당신이 성령의 은사를 매우 갈망할 때 하나님께서 이를 허락하실 것이다. 엘리야가 "너는 여기(길갈) 머물라"라고 엘리사에게 말하자 그는 이렇게 대답했다. "여호와께서 살아 계심과 당신의 영혼이 살아 있음을 두고 맹세하노니 내가 당신을 떠나지 아니하겠나이다"(왕하 2:2). 엘리야는 그를 머물게 할 수 없었다.

또 엘리야가 엘리사에게 여리고에 머물라고 했을 때 그는 절대로 그곳에 머물지 않겠다고 했다. 머무는 사람은 아무것도 얻지 못한다. 오, 여리고에 머물지 말라. 요단에 머물지 말라. 하나님께서는 당신이 어느 곳에도 머물지 않고 당신을 위해 그분이 계획하신 그분의 모든 충만함 안으로 들어가기를 원하신다.

엘리야와 엘리사는 요단 강에 도착했다. 엘리야가 그의 겉옷을 말아 물을 내리쳤다. "물이 이리 저리 갈라지고 두 사람이 마른 땅 위로 건너더라"(8절). 엘리야가 엘리사에게 돌아서서 분명하게 "내가 네게 어떻게 할지를 구하라"(9절)라고 말했다. 엘리사는 그가 갖게 될 것을 원했다. 당신 역시 하나님께서 가질 수 있다고 하신 모든 것을 갈망할 수 있다. "당신의 성령이 하시는 역사가 갑절이나 내게 있게 하소서"(9절). 엘리사는 엘리야의 손을 씻겨 주고, 소를 끌며 밭을 갈던 소년이었다(왕상 19:19-20; 왕하 3:11). 그러나 그의 영이 아주 거대한 목적을 품게 했는데, 이는 엘리야 다음으로 그 자리에 오르는 것이었다.

엘리야는 "네가 어려운 일을 구하는도다 그러나 나를 네게서 데려가시는 것을 네가 보면 그 일이 네게 이루어지려니와"(10절)라고 선포했다. 당신이 원하는 것을 얻을 때까지 견디는 것을 결코 멈추지 않도록 하나님께서 당신을 도와주시기를 바란다. 당신의 영감을 크게 지녀서, 하나님의 최상의 것을 얻기 위하여 완전히 불탈 때까지 믿음을 굳게 하라.

엘리야가 발걸음을 옮기면 엘리사도 그와 함께 발걸음을 옮기면서 앞으로 나아갔다. 엘리사는 마지막까지 그의 스승에게 눈을 떼지 않았다. "불수레와 불말들이 두 사람을 갈라놓고 엘리야가 회오리 바람으로 하늘로 올라가더라"(11절). 이때 엘리사는 이렇게 소리쳤을 것이다. "엘리야여, 그 겉옷을 떨어뜨려 주세요." 겉옷이 내려왔다. 오, 나는 그것이 내려오고, 내려오고, 내려오는 것을 볼 수 있다. "엘리사가 자기의 옷을 잡아 둘로 찢고 엘리야의 몸에서 떨어진 겉옷을"(12-13절) 주워들었다. 나는 그가 그 옷을 입었을 때 자신 안에서 다른 어떤 것을 느꼈다고는 생각하지 않는다. 그러나 그는 요단 언덕에 서서 엘리야의 겉옷을 취해 물을 내리치면서, "엘리야의 하나님 여호와는 어디 계시니이까"(14절)라며 여호와를 구했다. 그러자 물이 갈라졌고, 그는 마른 땅을 건너갔다. 선지자의 제자들이 엘리사를 지켜보며 이렇게 말했다. "엘리야의 성령이 하시는 역사가 엘리사 위에 머물렀다"(15절).

은사를 받는 것도 마찬가지다. 당신이 믿음으로 행동하기 전까지는 그것을 지녔는지 알지 못한다. 형제자매들이여, 구하라! 그리고 믿으라!